NOUVELLE
BIBLIOTHÈQUE UNIVERSELLE
DES ROMANS

POUR

LA VILLE ET LA CAMPAGNE,

COMPOSÉE D'UN

Choix des meilleurs Romans

FRANÇAIS ET ÉTRANGERS,

ANCIENS ET MODERNES.

Deuxième Série.

WALTER-SCOTT.

IVANHOE.

TOME IV.

PARIS.

BIGNOUX, IMPRIMEUR-LIBRAIRE, ÉDITEUR,
RUE DES FRANCS-BOURGEOIS-S.-MICHEL, N° 8,

AMABLE GOBIN ET Cie,
SUCCESSEURS DE LA MAISON BAUDOUIN, RUE DE VAUGIRARD, 17.

1829.

NOUVELLE
BIBLIOTHÈQUE UNIVERSELLE
DES ROMANS

POUR

LA VILLE ET LA CAMPAGNE,

COMPOSÉE D'UN

Choix des meilleurs Romans

FRANÇAIS ET ÉTRANGERS.

IVANHOE

OU

LE RETOUR DU CROISÉ

Par Walter Scott.

TRADUCTION NOUVELLE

PAR M. ALBERT-MONTÉMONT.

> Toujours de son départ il faisait les apprêts,
> Prenait congé sans cesse, et ne partait jamais.
> (*Trad. de* Prior.)

TOME QUATRIÈME.

PARIS.

RIGNOUX, IMPRIMEUR-LIBRAIRE, ÉDITEUR,

RUE DES FRANCS-BOURGEOIS-S.-MICHEL, N° 8;

AMABLE GOBIN ET CIE.

SUCCESSEURS DE LA MAISON BAUDOUIN, RUE DE VAUGIRARD, 17.

1829.

compensa le zèle, en donnant à chacun une pièce d'argent, et reprit sa route avec toute la diligence que lui permettait la fatigue qu'il éprouvait : mais il avait encore quatre milles à faire pour arriver à Templestowe, lorsque ses forces l'abandonnèrent complétement; des douleurs aiguës se firent sentir dans tous ses membres, ce qui, joint aux angoisses auxquelles son esprit se trouvait en proie, le força à s'arrêter dans une petite ville où demeurait un rabbin de sa tribu, habile médecin, et dont il était connu. Nathan Ben Israël accueillit son corréligionnaire souffrant avec ce sentiment d'hospitalité que sa loi lui commandait, et que les juifs exerçaient les uns envers les autres. Il insista sur la nécessité de prendre du repos, et lui donna les remèdes regardés alors comme les plus propres à arrêter les progrès d'une fièvre occasionnée par la terreur, la fatigue et le chagrin que le pauvre juif ressentait vivement.

Le lendemain matin, lorsque Isaac parla de se lever et de continuer sa route, Nathan chercha à s'opposer à ce dessein, non seulement comme ami, mais encore comme médecin, lui disant qu'il s'exposait à perdre la vie; mais Isaac répondit qu'il fallait absolument qu'il se rendît ce jour-là même à Templestowe, et qu'il y allait pour lui plus que de la vie.

« A Templestowe ! » s'écria son hôte étonné : puis, lui tâtant de nouveau le pouls, il se dit à lui-même : « Sa fièvre n'est plus aussi forte, mais son esprit paraît troublé et même égaré. » — « Et pourquoi pas à Templestowe ? répondit le malade. Je conviens avec toi, Nathan, que c'est la demeure de ceux pour qui les enfans de la Promesse, accablés de mépris, sont une pierre d'achoppement, et qui ont notre peuple en abomination. Tu sais néanmoins que des affaires pressantes de commerce nous amènent quelquefois parmi ces nazaréens altérés de sang, et que nous visitons parfois les préceptoreries des templiers, et les commanderies des chevaliers hospitaliers, comme on les appelle [1]. »

[1] Les établissemens des chevaliers du Temple étaient, dit Walter Scott, appelés préceptoreries, et le président prenait le titre de précepteur, de même que les chefs de

« Je sais cela, dit Nathan; mais toi, ignores-tu que Lucas de Beaumanoir, le chef, ou comme ils l'appellent, le grand-maître de l'ordre, est lui-même en ce moment à Templestowe? »—« Je l'ignorais, répondit Isaac; car les dernières lettres de nos frères de Paris annonçaient qu'il était dans cette capitale, sollicitant auprès de Philippe des secours contre Saladin. »

« Il est venu depuis en Angleterre, sans être attendu par ses frères, dit le rabbin; et il s'est présenté avec l'intention bien prononcée de châtier et de punir, en un mot, de faire sentir les effets de son courroux à ceux qui ont violé les sermens qu'ils avaient faits : aussi les enfans de Bélial sont-

---

l'ordre des chevaliers de Saint-Jean-de-Jérusalem s'appelaient commandeurs, et les lieux de leur résidence commanderies. Il paraît, au reste, ajoute-t-il par erreur, que ces termes étaient fréquemment employés indistinctement l'un pour l'autre. Les *préceptoreries* templières étaient de grandes divisions territoriales. Il y en avait deux dans chaque partie du monde, laquelle formait une *lieutenance générale*. Chaque grande préceptorerie comprenait un certain nombre de *grands prieurés* ou états politiques; chaque grand prieuré un certain nombre de *bailliages* ou provinces; et chaque bailliage les *commanderies* ou villes qui en dépendaient. A. M.

ils dans la plus grande consternation. Tu dois avoir entendu parler de lui ? »

« Son nom m'est bien connu, répondit Isaac ; ce Lucas de Beaumanoir passe, dit-on, pour un homme zélé au point de faire égorger sans miséricorde tout individu qui s'écarte de la loi du Nazaréen. Nos frères l'ont nommé le féroce destructeur des Sarrasins, et le cruel tyran des enfans de la terre de Promission. »

« Parfaitement nommé, s'écria Nathan. D'autres templiers se laisseront détourner de leurs projets sanguinaires par l'appât du plaisir ou par la promesse d'une somme d'argent ; mais Beaumanoir est d'un caractère bien différent. Ennemi de toute sensualité, méprisant les trésors, il marche, il se presse, il se hâte d'atteindre à ce qu'on appelle la couronne du martyre. Puisse le Dieu de Jacob la lui envoyer promptement, aussi bien qu'à tous ceux qui recherchent les moyens de s'en rendre dignes. Mais c'est plus particulièrement sur les enfans de Juda que cet orgueilleux a étendu son gantelet, comme le saint roi David sur Édom, regardant le meurtre d'un juif comme une offrande aussi douce et aussi agréable que la destruction d'un Sarrasin. Que de faussetés, que d'impiétés n'a-t-il pas proférées même contre les vertus de nos remèdes, comme si c'étaient des inventions de Satan? Que le Seigneur l'en punisse!»

«Quoi qu'il en soit, dit Isaac, il faut que je me rende à Templestowe, dût son visage devenir aussi enflammé qu'une fournaise sept fois chauffée au blanc.» Alors il expliqua à Nathan le motif pressant de son voyage. Le rabbin l'écouta avec intérêt, et, à la manière de sa nation, lui témoigna toute la part qu'il prenait à son malheur, en déchirant ses vêtemens, et s'écriant : «Ah, ma fille! ma fille! où est la fille de Sion? Quand viendra la fin de la captivité d'Israël?»

«Tu vois, dit Isaac, quelle est ma position; tu vois que je ne puis m'arrêter plus long-temps. Il est possible que la présence de ce Lucas de Beaumanoir, le chef de l'ordre, empêche Brian de Bois-Guilbert d'accomplir le mal qu'il médite, et l'engage à me rendre Rébecca, ma fille.

«Eh bien donc, pars! dit Nathan Ben Israël; mais sois sage et prudent; car ce fut à sa sagesse et à sa prudence que Daniel dut la conservation de sa vie dans la fosse aux lions, où il avait été jeté; puisses-tu réussir au gré de tes désirs! Cependant, évite autant qu'il te sera possible la présence du grand-maître, car son plus grand plaisir, soit le matin, soit le soir, est de donner quelque preuve de son féroce mépris pour notre nation. Il me semble que, si tu pouvais avoir une conversation particulière avec Bois-Guilbert, tu t'en trouverais beaucoup mieux; car on dit que ces maudits nazaréens ne s'accordent pas toujours très bien entre eux à la préceptorerie. Que Dieu confonde leurs projets et les couvre d'une honte éternelle! Mais, je t'en prie, mon ami, reviens ici comme tu le ferais chez ton père, et instruis-moi de ce qui te sera arrivé. J'espère que tu ramèneras Rébecca, cette digne élève de Miriam, dont les cures ont été calomniées par les gentils, comme si elles eussent été opérées par la nécromancie.»

En conséquence Isaac prit congé de son

ami, et au bout d'une heure de chemin arriva devant la porte de la préceptorerie de Templestowe. Cet établissement des Templiers était situé au milieu de belles prairies et de gras pâturages, dont la dévotion des anciens précepteurs avait fait donation à l'ordre. Le château était solidement bâti et bien fortifié, précaution que ces chevaliers ne négligeaient jamais et que l'état de trouble où se trouvait l'Angleterre, rendait particulièrement nécessaire. Deux hallebardiers, vêtus de noir, gardaient le pont-levis, tandis que d'autres, portant la même livrée de la tristesse, allaient et venaient sur les remparts, avec une démarche lugubre, et ressemblaient plutôt à des sceptres qu'à des soldats. C'est ainsi qu'étaient habillés les officiers inférieurs de l'ordre, depuis que l'usage de porter des vêtemens blancs semblables à ceux des chevaliers et des écuyers, avait donné naissance dans les montagnes de la Palestine à une association de faux frères qui avaient pris le nom de templiers et qui avaient jeté beaucoup de déshonneur sur l'ordre. On voyait de temps en temps un chevalier, traverser la cour, couvert de son long manteau blanc, les bras croisés et la tête penchée sur la poitrine. Si deux chevaliers se rencontraient, ils passaient à côté l'un de l'autre, marchant d'un pas grave et solennel, et se faisant un salut silencieux; car telle était la règle établie dans les statuts de l'ordre, et fondée sur le texte sacré qui y était rapporté : « En disant plusieurs paroles, tu n'éviteras pas le péché; » et encore : « La vie et la mort sont au pouvoir de la langue. » En un mot, la rigueur sévère et ascétique de la discipline du Temple, qui avait pendant si long-temps fait place à la prodigalité et à la licence, semblait avoir tout à coup repris son empire à Templestowe, ou demeure du Temple, sous l'œil sévère de Lucas de Beaumanoir.

Isaac s'arrêta à la porte pour considérer comment il pourrait se procurer l'entrée du château, de manière à se concilier la faveur des habitans; car il n'ignorait pas que le fanatisme, renaissant de l'ordre, n'était pas moins dangereux pour sa malheureuse race, que la licence effrénée qui régnait précédemment, et que sa religion serait maintenant l'objet de la haine et de la persécution, comme ses richesses l'auraient auparavant exposé aux extorsions d'oppresseurs aussi impitoyables.

En ce moment Lucas de Beaumanoir se promenait dans un petit jardin appartenant à la préceptorerie, situé dans l'enceinte des fortifications extérieures, et s'entretenait tristement et confidentiellement avec un chevalier de son ordre, revenu avec lui de la Palestine.

Le grand-maître était un homme avancé en âge, comme le prouvait sa longue barbe grise ainsi que ses sourcils épais et gris, ombrageant des yeux dont la vieillesse n'avait encore pu amortir le feu. Guerrier et formidable, sa figure maigre et son air sévère conservaient la férocité d'expression du soldat : bigot ascétique, ses traits n'étaient pas moins marqués par l'amaigrissement, effet de l'abstinence, que par l'orgueil qui remplit l'ame d'un dévot qui est content de lui-même. Cependant il y avait dans l'air âpre de sa physionomie quelque chose de frappant et de noble, qui sans doute était l'effet des rapports que sa haute dignité lui donnait occasion d'entretenir avec les princes et les monarques, ainsi que de la suprême autorité qu'il exerçait sur les vaillans et nobles chevaliers qui étaient réunis sous les statuts et les bannières de l'ordre. Sa taille était grande, son corps droit et nullement courbé par l'âge et la fatigue, et sa démarche majestueuse. Son manteau blanc était taillé avec la plus stricte régularité et en la forme prescrite par saint Bernard lui-même, étant fait de bure, allant parfaitement à la taille de celui qui le portait, et ayant sur l'épaule gauche la croix octogone de drap rouge particulière à l'ordre. Ce vêtement n'était orné ni de vair, ni d'hermine; mais, en raison de son âge, le grand-maître, ainsi que les statuts de l'ordre le lui permettaient, portait un pourpoint doublé et bordé de peau d'agneau avec la laine qui était très fine, en dehors : c'était là le seul usage que la règle lui permettait de faire des fourrures, dans un temps où elles étaient regardées comme le plus grand objet de luxe. Il portait à la main ce singulier *abacus* ou bâton de commandement, avec lequel on voit souvent les templiers représentés, dont l'extrémité supérieure était surmontée d'une plaque ronde sur laquelle était gravée la croix de l'ordre inscrite dans un cercle, ou, en termes de blason, dans un *orle*. Le chevalier qui accompagnait ce grand personnage portait le même costume à peu de chose près, mais son extrême déférence envers son supérieur montrait que c'était là le seul point d'égalité qui existait entre eux. Le précepteur [1], car tel était son rang, ne marchait pas sur la même ligne que le grand-maître, mais un peu en arrière, et pas assez loin pour que Beaumanoir fût obligé de tourner la tête pour lui parler.

« Conrad, dit le grand-maître, cher compagnon de mes combats et de mes fatigues, ce n'est que dans ton sein fidèle que je puis déposer mes chagrins. Ce n'est qu'à toi que je puis dire combien de fois, depuis mon

---

[1] L'auteur veut dire le *grand précepteur*. M. Defauconpret traduit le terme par le *précepteur ou commandeur*; ce qui est une erreur grave, puisque entre le grand précepteur et le commandeur il y avait le grand prieur et le bailly. A. M.

arrivée dans ce royaume, j'ai désiré voir le terme de mon existence et être compté au nombre des justes. Je n'ai pas rencontré dans toute l'Angleterre un seul objet sur lequel mon œil pût se reposer avec plaisir, excepté les tombeaux de nos frères, sous les voûtes massives de notre église du Temple, dans cette superbe capitale. O vaillant Robert-de-Ros! disais-je en moi-même en contemplant ces braves soldats de la croix, dont les images sont sculptées sur leurs tombeaux; ô digne Guillaume-de-Mareschal! ouvrez vos cellules de marbre, et partagez le repos dont vous jouissez avec un frère accablé de fatigues, qui aimerait mieux avoir à combattre contre cent mille païens que d'être témoin de la décadence de notre ordre!»

«Il n'est que trop vrai, répondit Conrad-Montfichet, il n'est que trop vrai; et les désordres de nos frères en Angleterre sont encore plus honteux et plus choquans que ceux de nos frères en France.»

«Parce qu'ils sont plus riches, répliqua le grand-maître. Pardonne un peu de vanité, mon cher frère, si parfois je me donne quelques louanges. Tu sais la vie que j'ai menée, observant religieusement tous les statuts de notre ordre, luttant contre des démons visibles et invisibles, terrassant le lion rugissant qui tourne sans cesse partout, cherchant qui il pourra dévorer, le frappant, en preux chevalier et en bon prêtre, partout où je le rencontrerai, suivant ce que le bienheureux saint Bernard nous prescrit par le quarante-cinquième article de notre règle, *ut leo semper feriatur* [1]. Mais, par le saint Temple! par le zèle qui a dévoré ma substance et ma vie, que dis-je! jusqu'à mes nerfs et à la moelle de mes os! par ce saint Temple même, je te jure que, excepté toi et un petit nombre d'autres frères qui conservent encore l'antique sévérité de notre ordre, je n'en trouve aucun que je puisse désigner sous ce saint nom. Que disent nos

---

[1] Walter Scott fait ici erreur de cotation de chapitre: c'est le quarante-huitième au lieu du quarante-cinquième. « Nam est certum, quod vobis specialiter creditum est, et debitum pro fratribus vestris animam ponere, utque incredulos, qui semper virginis filio minitantur, de terra delere. De leone nos hoc dedimus, quia ipse circuit, quærens quem devoret et manus ejus contra omnes, omniumque manus contra nos. »   A. M.

statuts, et comment nos frères les observent-ils ? Ils ne devraient porter aucun ornement vain, ou mondain, point de cimier sur leurs casques, point d'or à leurs étriers, ni au mors de leurs brides [1]; et cependant, qui se présente plus paré, plus vain, plus chargé d'ornemens que les pauvres soldats du Temple ? Il leur est défendu de se servir d'un oiseau pour en prendre un autre [2], de chasser à l'arc ou à l'arbalète [3], de donner du cor, de courre le cerf; et cependant vénerie, fauconnerie, chasse, pêche, toutes ces vanités du monde ont pour eux les plus grands attraits, les charmes les plus puissans. Il leur est défendu de lire d'autres livres que ceux permis par leur supérieur, ou ceux qu'on lit à haute voix pendant les repas, et qui leur ordonnent d'extirper la magie et l'hérésie; et voilà qu'ils sont accusés d'étudier les maudits secrets cabalistiques des juifs et la magie des impies Sarrasins. La frugalité dans les repas leur est

---

[1] Art. 37 : « De frenis et calcaribus. » — [2] Art. 46 de la règle de Saint-Bernard: « Ut nullus avem cum ave capiat. » — [3] Art. 47 : « Ut nullus arcu vel balista percutiat. »

A. M.

prescrite; ils ne doivent avoir que des mets simples, des racines, des légumes, des gruaux, et ne manger de la viande que trois fois par semaine, parce que l'usage habituel de cette nourriture produit une corruption honteuse du corps [1]; et leurs tables sont surchargées des mets les plus délicats. Leur boisson devrait être de l'eau, et maintenant *boire comme un templier* est un exploit dont se fait gloire tout homme qui veut passer pour un bon compagnon de table. Ce jardin même, rempli comme il l'est d'arbustes curieux et de plantes précieuses transplantées des climats de l'Orient, conviendrait mieux au harem d'un émir incrédule qu'à un couvent où des moines chrétiens consacrent un terrain uniquement à la culture des herbes propres à leur nourriture. Encore, mon cher Conrad, si le relâchement de la discipline s'arrêtait là!... Tu sais bien qu'il nous a été défendu de recevoir ces femmes dévotes qui dans l'origine étaient associées à l'ordre, sous le titre de sœurs, parce que, dit le quarante-

---

[1] Art. 10 : « De carnis refectione. »   A. M.

sixième chapitre ¹, notre ancien ennemi a, par le moyen de la société des femmes, réussi à détourner plus d'un fidèle du droit sentier du paradis. Bien plus, le dernier article, qui est, si je puis parler ainsi, la pierre de couronnement que notre bienheureux fondateur a posée sur la doctrine pure et sans tache qu'il nous a enseignée, nous défend de donner, même à nos mères et à nos sœurs, le baiser d'affection, *ut omnium mulierum fugiantur oscula* ². Mais, j'ai honte de le dire, j'ai honte d'y penser; quelle corruption est venue fondre sur notre ordre comme un torrent! Les ames pures de nos saints fondateurs, les esprits de Hughes de Payen, de Godefroy de Saint-Omer et des sept bienheureux champions qui les premiers se réunirent pour consacrer leur vie au service du Temple, sont troublés dans leur jouissance du paradis même. Je les ai vus, Conrad, dans mes visions de la nuit : leurs yeux, où brillait la

---

¹ C'est l'art. 56 : « Amplius sorores non coadunentur maribus. » Par l'art. 55, saint Bernard permet à quelques frères de se marier. — ² Art. 72 : « Periculosum esse credimus omni religione vultum mulierum nimis attendere... Fugiat ergo fœminea oscula. »   A. M.

sainteté, versaient des larmes sur les péchés et les folies de leurs frères, sur leur luxe honteux et sur le libertinage affreux dans lequel ils vivent. » Beaumanoir, m'ont-ils dit, tu dors; réveille-toi ! Il y a une souillure dans le sanctuaire du Temple, profonde et infecte comme celle des taches de lèpre sur les maisons des anciens temps [1] Les soldats de la croix, qui devaient fuir le regard de la femme, comme l'œil du basilic, vivent ouvertement dans le péché, non seulement avec les femmes de leur croyance, mais encore avec celles des païens maudits et des juifs plus maudits encore. Beaumanoir, tu dors, lève-toi et venge notre cause; égorge les pécheurs, hommes et femmes; prends le glaive de Phinéas. » La vision disparut, Conrad ; mais, en me réveillant, je crus encore entendre le bruit de leur armure et voir flotter leurs manteaux blancs. Oui, j'agirai suivant leurs ordres; je veux purifier le sanctuaire du Temple; et les pierres impures qui renferment le levain de la cor-

---

[1] *Lévitique*, chap. 13. A. M.

ruption, je les arracherai et les jetterai loin de l'édifice. »

« Réfléchis cependant, révérend père, dit Mont-Fichet ; la tache a pénétré profondément, par l'effet du temps et de l'habitude. Votre projet de réforme est dicté par la justice et la sagesse ; elle doit être opérée avec prudence et précaution. » — « Non, Mont-Fichet, dit le grand maître ; elle doit être sévère et prompte ; notre ordre est dans une crise d'où dépend sa future existence. La sobriété, le dévouement et la piété de nos prédécesseurs nous avaient acquis de puissans amis ; notre présomption, notre opulence, notre luxe, ont soulevé contre nous des ennemis non moins redoutables. Nous devons jeter loin de nous ces richesses qui offrent une tentation aux princes, humilier cet orgueil qui les offense, réformer cette licence de mœurs qui est un scandale pour tout le monde chrétien. Sans cela, souviens-toi bien de ce que je te dis : l'ordre du Temple sera totalement aboli, et la place qu'il occupait ne sera plus connue parmi les nations.[1] » —

[1] Cette longue série d'accusations sur les désordres

«Ah! s'écria le précepteur, puisse le ciel détourner une telle calamité!»

«*Amen!* dit le grand-maître d'un ton solennel; mais il faut mériter son secours. Je te dis, Conrad, que ni les puissances du ciel ni celles de la terre ne peuvent plus souffrir la méchanceté de la présente génération. Je ne me trompe point; le terrain sur lequel s'élève l'édifice de notre ordre est déjà miné, et chaque addition que nous faisons à l'édifice de notre grandeur ne fait que hâter le moment où il sera précipité dans l'abîme. Il faut que nous retournions sur nos pas, et que nous nous montrions les fidèles champions de la croix, en sacrifiant à l'état que nous avons embrassé, non pas seulement notre sang et notre vie, non pas seulement nos passions et nos vices, mais même notre aisance, notre bien-être, et jusqu'à nos affections naturelles et à des plaisirs qui peuvent être légitimes pour d'autres, mais qui sont interdits aux soldats dévoués du Temple.»

des templiers a été puisée par l'auteur dans les livres de leurs ennemis, qui, moines comme eux, supposaient à leurs adversaires les mêmes vices que ceux de leurs propres corporations.   A. M.

CHAPITRE XXXV.

En ce moment, un écuyer couvert d'un manteau dont l'étoffe ne montrait plus que la corde (car les aspirans de ce saint ordre portaient pendant leur noviciat les vieux vêtemens usés des chevaliers) entra dans le jardin, et ayant fait une profonde révérence au grand-maître, se tint debout devant lui, gardant le silence et attendant qu'il lui fût permis de parler et de s'acquitter de la commission dont il était chargé.

« N'est-il pas plus convenable, dit le grand-maître, de voir ce Damien couvert des vêtemens de l'humilité chrétienne, se présenter ainsi dans un silence respectueux de son supérieur, que follement paré comme il l'était il n'y a que deux jours, d'habillemens de diverses couleurs, babillant et disputant d'un air fier et impertinent comme un perroquet? Parle, Damien, nous te le permettons. Que viens-tu m'annoncer?» — «Un juif est à la porte, éminentissime père, répondit Damien, demandant à parler au frère Brian de Bois-Guilbert.»

« Tu as bien fait de m'en informer, dit le grand-maître; lorsque nous sommes présens, un précepteur n'est pas plus qu'un simple compagnon de notre ordre, qui ne peut pas marcher selon sa volonté, mais selon celle de son maître, conformément au texte sacré de l'Écriture : « Suivant ce que j'ai dit à son oreille, il m'a obéi! » Puis se tournant vers Mont-Fichet: « Il nous importe d'une manière toute spéciale, Conrad, lui dit-il, de connaître la conduite de ce Bois-Guilbert. » — « La renommée, répondit Conrad, le proclame comme un chevalier brave et vaillant. »

« Et la renommée ne se trompe pas, dit le grand-maître; ce n'est qu'en valeur que nous n'avons pas dégénéré de nos prédécesseurs, les héros de la croix. Mais le frère Brian est entré dans notre ordre comme un homme qui est de mauvaise humeur, parce qu'il a été trompé dans ses espérances, poussé, je le soupçonne fort, à prononcer ses vœux de renoncer au monde et de faire pénitence, par suite non d'une conviction sincère, mais plutôt de quelque mécontentement. Depuis ce temps, il a toujours été un agitateur actif et ardent, un machinateur d'intrigues, de complots et de murmures, et le chef de ceux qui

CHAPITRE XXXV.

résistent à notre autorité, oubliant que le gouvernement de l'ordre est confié au grand-maître sous les symboles du bâton et de la verge; du bâton pour soutenir le faible, de la verge pour châtier le coupable. Damien, continua-t-il, amène ce juif en notre présence.»

L'écuyer se retira en faisant une profonde inclination, et revint quelques momens après, suivi d'Isaac d'York. Jamais esclave, conduit dans toute sa nudité en présence de quelque puissant prince, n'approcha du pied de son trône avec de plus grandes marques de vénération et de terreur, que celles que n'en fit paraître le juif eu s'avançant vers le grand-maître. Lorsqu'il fut parvenu à la distance d'environ trois verges, Beaumanoir lui fit signe avec son bâton de ne pas approcher davantage. Le juif s'agenouilla, baisa la terre en signe de respect, puis s'étant relevé, se tint debout devant les templiers, les bras croisés sur la poitrine, et la tête baissée, avec toutes les marques de soumission de la servitude orientale.

«Damien, dit le grand-maître, retire-toi ; aie soin qu'il y ait une garde prête à exécuter mes ordres au premier signal, et ne laisse entrer personne dans le jardin que nous n'en soyons sortis. » L'écuyer fit une inclination et se retira. « Juif, dit le grand-maître avec un ton de hauteur, écoute-moi bien. Il ne convient pas à notre rang de communiquer long-temps avec toi ; d'ailleurs nous ne perdons pas beaucoup de temps ni beaucoup de paroles avec qui que ce soit. Ainsi, sois bref dans tes réponses aux questions que je te ferai, et que tes paroles soient dictées par la vérité ; car, si ta langue cherche à me tromper, je la ferai arracher de ta bouche mécréante. » Le juif se disposait à répondre, mais le grand-maître continua : « Silence, infidèle ! Pas un mot en notre présence, excepté en réponse à nos questions. Quelles sont tes affaires avec notre frère Brian de Bois-Guilbert ? »

Isaac, tout tremblant et incertain sur ce qu'il devait répondre, regarda le grand-maître et resta bouche béante. S'il racontait son histoire, on pouvait l'accuser de chercher à attirer le scandale sur l'ordre ;

et cependant, s'il ne le faisait point, quel espoir avait-il d'obtenir la liberté de sa fille? Beaumanoir s'aperçut de sa frayeur mortelle et condescendit à le rassurer. «Ne crains rien, dit-il, pour ta misérable personne, juif, pourvu que tu parles franchement et sans détours. Je te demande de nouveau quelles affaires tu as avec Brian de Bois-Guilbert?» — «Je suis porteur d'une lettre, bégaya le juif, n'en déplaise à votre magnanime valeur, pour ce brave chevalier, de la part d'Aymer; prieur de l'abbaye de Jorvaulx.» — «Ne te disais-je pas, Conrad, dit le grand-maître, que nous vivions dans des temps déplorables? Un prieur de l'ordre de Cîteaux envoie une lettre à un soldat du Temple, et ne trouve pas de messager plus convenable qu'un infidèle, qu'un juif. Donne-moi cette lettre.»

Le juif, d'une main tremblante, écarta les plis de son bonnet arménien, dans lesquels il avait déposé les tablettes du prieur, pour plus grande sûreté, et allait s'approcher, la main étendue et le corps incliné, pour la mettre à portée de son interrogateur renfrogné. «En arrière, chien! dit le grand-maître, je ne touche point les infidèles, excepté avec mon épée. Conrad, prends toi-même la lettre de la main du juif, et donne-la-moi. »

Beaumanoir ainsi en possession des tablettes, en examina soigneusement l'extérieur, et commença ensuite à dénouer la ficelle qui les entourait. « Eminentissime père, dit Conrad en l'arrêtant, quoique avec beaucoup de déférence, est-ce que vous allez rompre le cachet? » — « Et pourquoi ne le romprais-je pas? répondit Beaumanoir en fronçant le sourcil. N'est-il pas écrit au chapitre quarante-deux, intitulé *de lectione litterarum*, qu'un templier ne doit recevoir aucune lettre, pas même de son père, sans en donner communication au grand-maître et en faire la lecture en sa présence? »

Alors il la parcourut à la hâte, avec un air mêlé de surprise et d'horreur; il la relut ensuite plus lentement; puis la présentant d'une main à Conrad, et frappant légèrement dessus avec l'autre, il s'écria : « Voilà une lettre écrite d'un joli style, de la part d'un chrétien à un autre chrétien, tous deux membres, et membres distingués, de corporations religieuses! O Dieu! quand viendras-tu? continua-t-il d'un ton solennel, et en levant les yeux au ciel; quand viendras-tu avec tes vans pour séparer l'ivraie du bon grain!»

Mont-Fichet prit la lettre des mains de son supérieur, et s'occupait à la parcourir. «Lis-la tout haut, Conrad, dit le grand-maître; et toi, s'adressant à Isaac, sois bien attentif à son contenu, car nous te questionnerons à ce sujet.» Conrad lut la lettre, qui était conçue dans les termes suivans :

«Aymer, par la grace de Dieu, prieur du couvent de l'ordre de Cîteaux, sous l'invocation de sainte Marie de Jorvaulx, à sire Brian de Bois-Guilbert, chevalier du saint ordre du Temple; santé, dons de Bacchus et faveurs de Vénus! Quant à nous, cher frère, nous sommes en ce moment captif entre les mains de certaines gens sans loi ni religion, qui n'ont pas craint de détenir notre personne et de la mettre à rançon; de qui j'ai également appris le malheur de Front-de-Bœuf, et que tu t'es échappé avec la belle juive, dont les yeux noirs t'ont ensorcelé. Nous nous réjouissons de bon cœur de savoir que tu es sain et sauf; néanmoins, je te conjure de te tenir en garde contre cette seconde sorcière d'Endor; car nous sommes secrètement assurés que votre grand-maître, qui ne donnerait pas un fétu pour toutes les joues fraîches et tous les yeux noirs du monde, arrive de Normandie afin de mettre des bornes à votre vie joyeuse, et de vous ramener de vos écarts. C'est pourquoi nous vous prions instamment d'être attentif et prudent, afin que vous soyez trouvé veillant, ainsi qu'il est écrit dans le texte sacré: *Invenientur vigilantes*. Et son père, le riche juif Isaac d'York, m'ayant demandé une lettre en sa faveur, je lui ai donné celle-ci, vous conseillant bien sérieusement de mettre la demoiselle à rançon, considérant qu'il vous donnera de quoi en trouver cinquante avec moins de risque; et j'espère en avoir ma part, lorsque nous ferons ensemble, comme véritables frères, une partie de plaisir, où nous n'oublierons pas la coupe de vin; car, comme le dit le texte,

vinum lœtificat cor hominis; et ailleurs, *Rex delectabitur pulchritudine sua.* Jusqu'à ce joyeux moment, reçois mon adieu. Donné en cette caverne de voleurs, vers l'heure de matines.»   «AYMER,
Prieur de Sainte-Marie-de-Jorvaulx.»

«*Postscriptum.* Certes, ta chaîne d'or n'est pas restée long-temps en ma possession. Elle servira maintenant à suspendre au cou d'un braconnier proscrit le sifflet avec lequel il appelle ses chiens, autrement dits ses camarades.»

«Eh bien! Conrad, dit le grand-maître, que dis-tu de cette lettre? Une caverne de voleurs! c'est un lieu très convenable pour la résidence d'un pareil prieur. Il ne faut pas s'étonner si la main de Dieu s'appesantit sur nous, et si dans la Terre-Sainte nous perdons place après place, et sommes repoussés pied à pied par les infidèles, lorsque nous aurons des hommes d'église comme cet Aymer. Mais apprends-moi ce qu'il entend par cette seconde sorcière d'Endor?» dit-il à demi voix à son confident.

Conrad connaissait mieux, peut-être par pratique, le jargon de la galanterie que son supérieur; et il lui expliqua le passage de la lettre qui l'embarrassait, en lui disant que c'était une sorte de langage usité parmi les hommes du monde, à l'égard des femmes qu'ils aimaient *par amourette*. Mais cette explication ne satisfit pas le bigot Beaumanoir. «Conrad, dit-il, il y a dans ce langage plus que tu ne te l'imagines ; la simplicité de ton cœur ne saurait sonder la profondeur de cet abîme d'iniquité. Cette Rébecca d'York est une élève de cette Miriam dont tu as entendu parler. Tu vas entendre le juif; il ne tardera pas à en convenir en notre présence.» Puis se tournant vers Isaac, il lui dit à haute voix : «Ta fille est donc prisonnière de Bois-Guilbert?»

«Oui, révérend et valeureux seigneur, répondit Isaac, et tout ce qu'un pauvre homme peut payer pour sa rançon.....» — «Silence, interrompit le grand-maître. Ta fille a exercé l'art de guérir; n'est-il pas vrai?» — «Oui, mon gracieux seigneur, répondit Isaac, et chevaliers, et paysans, seigneurs et vassaux, tous peuvent bénir

CHAPITRE XXXV.

le ciel pour le don merveilleux qu'il a daigné lui accorder. Plus d'un malade et homme souffrant peut attester qu'il a été guéri par le moyen de son art, tandis que tout autre secours humain avait été inutilement employé; mais la bénédiction du Dieu de Jacob était sur elle. »

Beaumanoir se tourna vers Mont-Fichet, et lui dit avec un sourire hideux : «Tu vois, Conrad, les embûches de l'ennemi dévorant. Tel est l'appât avec lequel il s'empare des ames, donnant un pauvre espace de vie sur la terre, en échange d'un bonheur éternel dans l'autre monde. Notre bienheureuse règle a bien raison de dire : « *Semper percutiatur leo vorans !* » A bas le lion! à bas le destructeur! ajouta-t-il en élevant et brandissant son mystique abacus, comme pour défier les puissances de ténèbres. » Puis adressant la parole au juif : «Ta fille sans doute opère ses cures au moyen de caractères, de talismans, de paroles, de périaptes et autres mystères cabalistiques?» — «Non, révérend et brave chevalier, répondit Isaac; mais c'est principalement à l'aide d'un baume d'une vertu merveilleuse.» — «D'où a-t-elle eu ce secret? demanda Beaumanoir.»—«Il lui a été donné, répondit Isaac avec une sorte de répugnance, par Miriam, une sage matrone de notre tribu.» — «Par Miriam, détestable juif! s'écria Beaumanoir en faisant un signe de croix; par Miriam, cette abominable sorcière, dont les enchantemens sont connus de toute la chrétienté? Son corps fut brûlé à un poteau, et ses cendres furent dispersées aux quatre vents; et puisse le ciel en arriver autant à moi et à mon ordre, si je ne traite pas ainsi sa pupille et encore plus sévèrement. Je lui apprendrai à jeter des sorts et des enchantemens sur les soldats du saint Temple. Damien, qu'on mette ce juif à la porte, et qu'on le mette à mort s'il résiste ou s'il se représente. Quant à sa fille, nous agirons envers elle comme nous y autorisent la loi chrétienne et notre éminente dignité.»

Le pauvre Isaac fut donc chassé sur-le-champ, sans qu'on voulût écouter ni ses prières, ni même ses offres. Il n'eut rien de mieux à faire que de retourner chez le rabbin et de tâcher d'apprendre par son moyen quel serait le sort de sa fille. Jusqu'alors il avait craint pour son honneur ; maintenant il avait à trembler pour sa vie. Pendant ce temps-là, le grand-maître envoya ordre au précepteur de Templestowe de comparaître devant lui.

CHAPITRE XXXVI.

« Ne dis point que mon art est une imposture. Tout le
« monde vit par la fausseté, le déguisement, la dissi-
« mulation. C'est avec le déguisement que le mendiant
« demande l'aumône, et que le léger courtisan obtient
« des terres, des titres, un rang et du pouvoir. Le clergé
« ne le dédaigne point, et le hardi soldat en fait usage
« pour améliorer son service, pour monter en grade.
« Tout le monde en convient, il convient à tout le
« monde ; tout le monde l'emploie ; et celui qui se con-
« tente de paraître ce qu'il est n'aura pas grand crédit
« à l'église, dans les camps et à la cour. Ainsi va le
« monde. »   *Ancienne comédie.*

ALBERT Malvoisin, président, ou, pour parler le langage de l'ordre, le précepteur de l'établissement de Templestowe, était frère de ce Philippe Malvoisin dont nous avons déja eu occasion de parler dans cette histoire, et était, comme le baron, intimément lié avec Brian de Bois-Guilbert. Parmi les hommes dissolus et dénués de tout principe dont l'ordre du Temple ne comptait qu'un trop grand nombre, Albert de Templestowe pouvait réclamer une sorte de distinction. Il y avait néanmoins cette différence entre lui et Bois-Guilbert, qu'il savait couvrir ses vices et son ambition du voile de l'hypocrisie, et prendre le masque du fanatisme qu'il méprisait intérieurement. Si l'arrivée du grand-maître n'eût pas été aussi soudaine qu'elle était inattendue, il n'aurait rien vu à Templestowe qui pût indiquer le moindre relâchement dans la discipline ; et, quoique surpris, et jusqu'à un certain point découvert, Albert Malvoisin écouta avec tant de marques de respect et de contrition les réprimandes de son supérieur, et mit tant d'empressement à réparer les fautes qu'il censurait, en un mot, réussit tellement bien à donner un air de dévotion ascétique à une congrégation qui avait été tout récemment plongée dans les plaisirs et la licence, que Lucas Beaumanoir commença à avoir une meilleure opinion des mœurs du précepteur, que les premières apparences de l'établissement ne l'avaient porté à en concevoir.

Mais ces sentimens favorables de la part du grand-maître furent fortement ébranlés quand il apprit qu'Albert avait admis dans un établissement religieux une captive juive; et, comme il y avait lieu de le craindre, la maîtresse d'un chevalier de l'ordre. Aussi, lorsqu'Albert se présenta devant lui, il jeta sur le précepteur un regard plein de sévérité. « Il y a, dit-il, dans cette maison consacrée au saint ordre du Temple, une femme juive amenée par un de nos frères et par votre connivence, sire précepteur. »

Albert Malvoisin fut accablé de confusion; car l'infortunée Rébecca avait été enfermée dans une partie reculée et secrète du bâtiment, avec toutes les précautions convenables pour empêcher qu'on n'en fût instruit. Celui-ci lut dans les yeux de Beaumanoir la perte de Bois-Guilbert et la sienne, s'il ne parvenait à détourner l'orage qui les menaçait. « Pourquoi gardez-vous le silence ? » demanda le grand-maître. — « M'est-il permis de parler ? » dit le précepteur du ton de la plus profonde humilité, quoiqu'en faisant cette question il ne cherchât qu'à gagner un peu de temps pour mettre de l'ordre dans ses idées. — «Parle, nous te le permettons, dit le grand-maître; parle, et dis-nous si tu connais le chapitre de nos saints statuts, qui a pour titre : *De commilitonibus Templi in sancta civitate, qui cum miserrimis mulieribus versantur, propter oblectationem carnis?*»

«Assurément, très révérend père, répondit le précepteur; je ne suis pas parvenu à la haute dignité à laquelle j'ai été élevé sans connaître une des plus importantes prohibitions de notre sainte règle.» — «Comment se fait-il donc, dit le grand-maître, je te le demande de nouveau, que tu aies souffert qu'un de nos frères amenât sa maîtresse, et même une sorcière juive, dans notre sainte maison, pour la profaner et la polluer?» — «Une sorcière juive! répéta Albert Malvoisin; que les bons anges nous protégent!»

«Oui, mon frère, une sorcière, dit le grand-maître. Oseras-tu nier que cette Rébecca, fille de ce misérable usurier, Isaac d'York, et élève de l'infâme sorcière Miriam, ne soit en ce moment (j'ai honte de le dire, ou même de le penser) logée dans cette préceptorerie ? » — « Votre sagesse, éminentissime père, répondit le précepteur, vient de dissiper les ténèbres qui obscurcissaient mon entendement. Je ne pouvais en effet revenir de mon étonnement en voyant un digne chevalier comme Brian de Bois-Guilbert aussi passionnément épris des charmes de cette fille, que je n'ai reçue dans cette maison que pour opposer une barrière aux progrès de leur intimité, laquelle, sans cela, aurait été cimentée par la chute de notre vaillant et vertueux frère. »

« Quoi ! ne s'est-il donc encore rien passé entre eux de contraire à son vœu ? » demanda le grand-maître. — « Comment ? sous ce toit ? dit le précepteur en faisant un signe de croix. Sainte Madeleine et les dix mille vierges nous en préservent ! Non, si j'ai commis une faute en la recevant ici, cette faute provient de la pensée que j'avais que je réussirais ainsi à rompre l'attachement insensé de notre frère à cette juive, parce que je le regardais comme si extraordinaire et si peu naturel, que je ne pouvais l'attribuer qu'à un accès de démence plus digne de pitié que de reproches. Mais, puisque votre haute sagesse a découvert que cette juive est une sorcière, cette découverte peut expliquer la cause de l'extravagante passion de Bois-Guilbert.»

«Oui, elle l'explique; oui, sans doute, s'écria Beaumanoir. Tu vois, Conrad, le danger de céder aux premières tentations, et de s'abandonner aux séductions de Satan. Nous portons nos regards sur une femme uniquement pour satisfaire le plaisir des yeux, et pour admirer ce qu'on appelle la beauté; et notre antique ennemi acquiert du pouvoir sur nous, pour compléter par les talismans et les sortiléges un ouvrage qui a été commencé par l'oisiveté et la folie. Il est possible que notre frère Bois-Guilbert mérite en cette occasion plutôt la pitié qu'un châtiment sévère, plutôt le soutien du bâton que le poids de la verge, et que nos admonitions et nos prières le guérissent de sa folie, et le rendent à ses frères.»

«Ce serait grand dommage, dit Conrad Mont-Fichet, que l'ordre perdît une de ses meilleures lances dans un temps où il a besoin du secours de tous ses enfans. Trois cents Sarrasins ont été tués de la propre main de Brian de Bois-Guilbert.»

«Le sang de ces chiens maudits, dit le grand-maître, sera une offrande agréable aux saints et aux anges qu'ils méprisent et qu'ils blasphèment; et, avec leur aide, nous empêcherons l'effet des sortiléges et des enchantemens dont notre frère se trouve entouré comme d'un filet. Il rompra les liens de cette Dalila, comme Samson rompit les deux cordes neuves dont les Philistins l'avaient lié, et il immolera les infidèles monceaux sur monceaux. Mais quant à cette misérable sorcière, qui a jeté ses sorts sur un frère du saint Temple, assurément elle mourra.» — «Mais les lois d'Angleterre...,» dit le précepteur, qui, bien qu'il vît que le ressentiment du grand-maître ne se portait plus sur lui ni sur Bois-Guilbert, mais avait pris une autre direction, commença maintenant à craindre qu'il ne le portât trop loin.

«Les lois d'Angleterre, dit Beaumanoir, permettent et enjoignent à chaque juge de faire exécuter ses jugemens dans sa propre juridiction. Eh quoi! le plus mince baron peut faire arrêter, peut juger et condamner une sorcière qui serait trouvée dans ses domaines, et le même pouvoir serait refusé au grand-maître du Temple, dans une préceptorerie de son ordre! Non, nous jugerons et nous condamnerons. La sorcière n'habitera plus sur la terre, et son iniquité sera oubliée. Faites préparer la grande salle du château, pour le jugement de la sorcière. »

Albert Malvoisin fit une inclination et se retira, non pour faire préparer la grande salle, mais pour chercher Brian de Bois-Guilbert, et l'instruire de ce qui se passait, ainsi que du résultat probable de l'affaire. Il ne fut pas long-temps à le trouver, bouillant d'indignation d'un nouveau refus qu'il venait d'éprouver de la part de la belle juive. « L'imprudente! l'ingrate! disait-il, mépriser celui qui, au milieu des flammes et du carnage, lui a sauvé la vie au risque de perdre la sienne! Par le ciel, Malvoisin, je restai dans le château jusqu'au moment où le toit et les poutres étaient près de s'écrouler, et s'ébranlaient déja avec un fracas épouvantable. J'étais le but vers lequel se dirigeaient cent flèches qui faisaient sur mon armure un bruit semblable à celui de la grêle tombant sur une fenêtre treillissée, et je n'ai fait usage de mon bouclier que pour la garantir de toute atteinte. Voilà à quoi je me suis exposé pour elle, et maintenant cette ingrate et cruelle me reproche de ne pas l'avoir laissé périr, et me refuse non seulement la plus légère preuve de reconnaissance, mais même le plus petit espoir que jamais elle veuille m'en accorder. Le diable, qui a inspiré tant d'obstination à sa race, semble en avoir concentré toute la force dans sa seule personne. »

« Je crois, dit le précepteur, que vous êtes tous les deux possédés du diable. Combien de fois ne t'ai-je pas prêché si non la continence, du moins la prudence? Ne vous ai-je pas dit que vous trouveriez ici bon nombre de filles chrétiennes assez complaisantes, qui s'imputeraient à crime de refuser à un si brave chevalier *le don d'amoureux merci;* et il faut que vous alliez placer vos affections sur une juive opiniâtre qui ne veut faire que sa volonté! En vérité, je crois que le vieux Lucas Beaumanoir a deviné juste, en disant qu'elle a jeté un sort sur vous.»

«Lucas Beaumanoir! dit Bois-Guilbert. Sont-ce là vos précautions, Malvoisin? Comment as-tu souffert que le vieux radoteur apprît que Rébecca est dans la préceptorerie?» — «Comment pouvais-je l'empêcher? dit le précepteur. Je n'ai rien négligé pour lui cacher ce secret; mais il est trahi; et si c'est par le diable ou non, il n'y a que le diable lui-même qui le sache. J'ai cependant arrangé les choses aussi bien que j'ai pu. Vous n'avez rien à craindre si vous renoncez à Rébecca. On vous plaint; on vous regarde comme la victime d'un prestige magique. Quant à elle, c'est une sorcière, et il faut qu'elle périsse comme telle.»

«Elle ne périra pas, de par le ciel, s'écria Bois-Guilbert.» — «De par le ciel, il faut qu'elle périsse, et elle périra, répliqua Malvoisin; ni vous ni qui que ce soit ne la sauverez. Lucas Beaumanoir est fermement persuadé que la mort de la juive sera une offrande suffisante pour expier tous les péchés amoureux des chevaliers du Temple; et tu sais qu'il a non seulement le pouvoir, mais aussi la volonté d'exécuter un dessein aussi raisonnable et aussi pieux. »

« Les siècles futurs pourront-ils croire qu'un fanatisme aussi stupide ait jamais existé ? » s'écria Bois-Guilbert en se promenant à grands pas dans l'appartement. — «Ce que les siècles futurs croiront, je n'en sais rien, dit Malvoisin d'un ton calme; mais je sais bien que dans celui-ci, sur cent individus, soit clercs, soit laïques, il s'en trouvera quatre-vingt-dix-neuf qui crieront *amen* à la sentence du grand-maître. »

«J'y suis, dit Bois-Guilbert. Albert, tu es mon ami. Il faut que tu favorises son évasion, Malvoisin, et je la transporterai dans un endroit plus sûr et plus secret. » — « Quand même je le voudrais, je ne le pourrais point, répliqua le précepteur; la maison est pleine de gens de la suite du grand-maître, et d'autres qui lui sont dévoués; et, à vous parler franchement, mon frère, je ne voudrais pas m'embarquer avec vous dans cette affaire, quand même je pourrais espérer de conduire ma barque heureusement au port. J'ai déja couru assez de risques pour l'amour de vous; je n'ai pas envie de courir encore celui de la dégradation, ou de la perte de ma préceptorerie, pour l'amour d'un minois juif, quelque joli qu'il soit. Et quant à vous, si vous voulez suivre mon avis, renoncez à votre vaine poursuite, et lancez vos chiens sur quelque autre gibier. Songe-s-y bien, Bois-Guilbert; le rang que tu occupes, les honneurs auxquels tu peux prétendre, tout dépend de ta présence dans l'ordre. Si tu t'obstines à conserver ta folle passion pour cette Rébecca, tu fourniras à Beaumanoir l'occasion de t'expulser, et il ne la négligera pas. Il est jaloux du pouvoir que lui donne le bâton de commandement qu'il tient dans sa main tremblante, et il sait que la tienne est prête à le saisir. Ne doute pas qu'il ne cherche à te perdre, si tu lui en offres un si beau prétexte dans la protection que tu accordes à une sorcière juive. Laisse-lui le champ libre dans cette affaire, puisque tu ne saurais t'y opposer. Lorsque le bâton te sera transféré, et que

CHAPITRE XXXVI.

tu le tiendras d'une main assurée, alors tu pourras caresser les filles de Juda, ou bien les brûler, comme bon te semblera.»

«Malvoisin, dit Bois-Guilbert, ton sang-froid me prouve que tu es un.....»—«Ami,» dit le précepteur, se hâtant d'ajouter ce mot, en remplacement de celui que Bois-Guilbert se disposait à dire, et qui probablement n'aurait pas été aussi agréable. «J'ai le sang-froid d'un ami, et par conséquent d'autant plus en état de donner un conseil. Je te dis encore une fois que tu ne peux pas sauver Rébecca; je te répète que tu ne pourrais que périr avec elle. Va, cours trouver le grand-maître; tombe à ses pieds et dis-lui.....»

«Non pas à ses pieds, de par le ciel! mais à sa barbe, à la barbe de ce vieux radoteur je dirai.....»

«Eh bien! à sa barbe donc, dit Malvoisin du ton le plus calme; oui; dis-lui à sa barbe que tu aimes ta juive au point d'en perdre la raison; et plus tu lui parleras de ta passion, plus il se hâtera d'y mettre un terme par la mort de la belle enchanteresse; tandis que toi, pris en flagrant délit, par ton propre aveu, d'un crime contraire à ton serment, tu ne peux espérer aucun secours de la part de tes frères, tu dois renoncer à toutes tes brillantes perspectives d'ambition et de puissance, pour aller peut-être brandir ta lance mercenaire dans quelque misérable querelle entre la Flandre et la Bourgogne.»

«Tu as raison, Malvoisin, dit Brian de Bois-Guilbert après un moment de réflexion; je ne veux pas donner à ce vieux bigot cet avantage sur moi; et quant à Rébecca, elle ne mérite pas que je mette en péril pour l'amour d'elle mon rang actuel et les honneurs auxquels j'aspire. Oui je la repousserai loin de moi; je l'abandonnerai à son sort, à moins que.....»—«Pas de restriction à une résolution aussi sage et aussi nécessaire, interrompit Malvoisin. Les femmes ne doivent être pour nous que des jouets propres à égayer quelques heures de notre vie; l'ambition doit être notre grande affaire. Périssent plutôt mille fragiles babioles comme ta juive, que de te trouver arrêté au milieu de la brillante carrière qui s'ouvre devant toi! Maintenant il faut nous séparer, car il ne faut pas que l'on nous voie tenir de conversation particulière. D'ailleurs, j'ai à faire préparer la grand'salle pour le jugement de la sorcière. »

«Comment! si tôt?» demanda Bois-Guilbert. — «Oui, répondit le précepteur; le procès s'instruit rapidement, lorsque le juge est déjà fixé sur la sentence qu'il veut prononcer. »

«Rébecca, dit Bois-Guilbert quand il fut seul, il est probable que tu vas me coûter cher. Que ne puis-je t'abandonner à ton sort, ainsi que cet hypocrite me le conseille avec son grand sang-froid! Je vais faire encore un effort pour te sauver; mais ne va pas me payer d'ingratitude; car si j'éprouve un nouveau refus, le poids de ma vengeance égalera la force de mon amour. Il ne faut pas que Bois-Guilbert hasarde sa vie et son honneur, lorsque le mépris et les reproches sont toute sa récompense. »

Le précepteur avait à peine donné les ordres nécessaires lorsque Conrad Montfichet vint le trouver, pour lui faire connaître la résolution qu'avait prise le grand-maître de procéder à l'instant au jugement de la juive, pour cause de sorcellerie. «Tout ceci me paraît un songe, dit le précepteur: car enfin il y a beaucoup de juifs qui sont médecins; mais bien qu'ils opèrent des cures merveilleuses, nous ne disons pas pour cela que ce soient des sorciers.

«Le grand-maître pense autrement, dit Mont-Fichet; et, à te parler franchement, Albert, il vaudrait mieux que cette misérable fille pérît que si Brian de Bois-Gilbert était perdu pour l'ordre, ou que l'ordre fût déchiré par des dissensions intestines. Tu connais le haut rang qu'il occupe, ainsi que la réputation qu'il s'est acquise dans les armes; tu connais l'estime et l'affection que lui portent plusieurs de nos frères ; mais tout cela ne lui servira de rien auprès de notre grand-maître, s'il vient à le regarder comme le complice et non la victime de la juive. Les ames des douze tribus seraient toutes renfermées dans son seul corps, qu'il vaudrait mieux qu'elle souffrît seule, que si elle entraînait Bois-Guilbert dans sa ruine.»

CHAPITRE XXXVI.

«Je viens à l'instant même, dit Malvoisin, de faire tous mes efforts pour l'engager à l'abandonner. Mais encore, y a-t-il des motifs suffisans pour condamner Rébecca comme sorcière? Et le grand-maître ne changera-t-il pas d'avis lorsqu'il verra que les preuves sont si faibles?

«Il faut les corroborer, Albert, dit Conrad; il faut les corroborer; me comprends-tu bien?»—«Fort bien, répondit le précepteur, et je suis très disposé à tout faire pour l'intérêt de l'ordre; mais le temps est bien court pour trouver des instrumens convenables.» — «Il faut en trouver, Malvoisin, dit Conrad; il le faut pour l'avantage de l'ordre, et pour le tien. La préceptorerie de Templestowe est peu de chose; celle de Maison-Dieu vaut le double; tu connais mon crédit auprès de notre vieux chef; trouve des gens qui puissent conduire cette affaire à bien, et te voilà précepteur de Maison-Dieu, dans le fertile comté de Kent: qu'en dis-tu?»

«Il y a, répliqua Malvoisin, parmi ceux qui sont venus ici avec Bois-Guilbert, deux hommes que je connais fort bien. Ils étaient au service de mon frère, Philippe de Malvoisin, d'où ils ont passé à celui de Front-de-Bœuf. Il est possible qu'ils sachent quelque chose des sorcelleries de cette fille. » — « Cours vite les chercher, dit Mont-Fichet, et, écoute, s'il faut un besant ou deux pour rafraîchir leur mémoire, n'en sois pas avare.» — «Pour un sequin, ils jureraient que la mère qui les a portés était une sorcière,» dit le précepteur.

«Va donc, dit Mont-Fichet. A midi, l'affaire commencera. Je n'ai jamais vu notre vieux chef se préparer avec autant d'ardeur, depuis le jour où il condamna au feu Hamet Alfagi, qui s'était converti, et avait de nouveau embrassé la religion de Mahomet.»

La grosse cloche du château venait de sonner midi, lorsque Rébecca entendit le bruit que l'on faisait en montant l'escalier secret qui conduisait à la chambre où elle était enfermée. Ce bruit annonçait l'arrivée de plusieurs personnes, et cette circonstance lui fit quelque plaisir, car elle craignait plus les visites solitaires du fougueux et passionné Bois-Guilbert que tous les

CHAPITRE XXXVII.

maux qui auraient pu lui arriver d'autre part. La porte de la chambre s'ouvrit, et elle vit entrer Conrad et le précepteur Malvoisin, suivis de quatre gardes vêtus de noir et portant des hallebardes.

«Fille d'une race maudite, cria le précepteur, lève-toi et suis-nous.»—«Où, demanda Rébecca, et à quel dessein?»—«Jeune fille, dit Conrad, ce n'est pas à toi à interroger, tu ne dois qu'obéir. Sache, néanmoins, que tu vas être traduite devant le tribunal du grand-maître de notre saint ordre, pour y être jugée.»—«Que le Dieu d'Abraham soit loué! dit Rébecca en joignant dévotement ses mains. Le nom de mon juge, bien qu'il soit ennemi de mon peuple, est pour moi comme le nom d'un protecteur. Je vous suivrai très volontiers; permettez-moi seulement de mettre mon voile sur ma tête.»

Ils descendirent l'escalier d'un pas lent et grave; en traversant une galerie, et par une porte à deux battans placée à l'extrémité, ils entrèrent dans la salle où le grand-maître avait pour le moment établi son tribunal. La partie inférieure de ce vaste appartement était remplie d'écuyers et d'hommes d'armes, qui, non sans quelque difficulté, firent place pour que Rébecca, accompagnée du précepteur et de Mont-Fichet, et suivie des quatre hallebardiers, pût arriver à la place qui lui était destinée.

Comme elle traversait la foule, les bras croisés et la tête penchée, quelqu'un mit dans sa main un morceau de papier, qu'elle prit presque sans s'en apercevoir, et qu'elle continua à tenir sans en lire le contenu. La persuasion où elle était qu'elle avait quelque ami dans cette redoutable assemblée lui donna le courage de jeter ses regards autour d'elle, et d'examiner en présence de qui elle avait été conduite. Nous essaierons dans le chapitre suivant de décrire la scène qui se présenta devant elle.

CHAPITRE XXXVII.

« Barbare était cette religion qui ordonnait à ses secta-
« teurs de cesser de compatir avec des entrailles d'hommes
« aux maux de leurs semblables. Barbare était cette re-
« ligion qui défendait de sourire aux attraits magiques
« d'une franche et innocente gaîté : plus barbare encore
« lorsqu'elle brandissait en l'air la verge de fer d'un ty-
« rannique pouvoir, qu'elle osait appeler le pouvoir de
« Dieu. »   *Le moyen Age.*

Le tribunal érigé pour le jugement de l'innocente et infortunée Rébecca occupait l'estrade, ou la partie élevée de la grande salle, c'est-à-dire la plate-forme que nous avons déjà décrite, comme étant la place d'honneur, destinée aux habitans les plus distingués d'une antique mansion, ou aux personnes qui venaient les visiter.

Sur un siége élevé, directement en face de l'accusée, était assis le grand-maître du Temple, couvert de ses vêtemens blancs, amples et flottans, tenant en main le bâton mystique, lequel portait le symbole de l'ordre. A ses pieds était placée une table, occupée par deux scribes, chapelains de l'ordre, chargés de rédiger en forme le procès-verbal de la séance du jour. Les vêtemens noirs, les têtes chauves et l'air grave de ces ecclésiastiques, formaient un contraste frappant avec la contenance belliqueuse des chevaliers qui assistaient à cette assemblée, soit comme résidens en la préceptorerie, soit comme étrangers venus pour présenter leurs hommages au grand-maître. Les précepteurs, au nombre de quatre, étaient placés sur des siéges moins élevés et moins avancés que celui de leur supérieur. Les chevaliers, qui étaient d'un rang inférieur dans l'ordre, étaient assis sur des bancs encore moins élevés, et à pareille distance des précepteurs que ceux-ci l'étaient du grand-maître. Derrière eux, mais toujours sur l'estrade, ou partie élevée de la salle, étaient les écuyers de l'ordre, debout, vêtus d'une étoffe blanche d'une qualité inférieure.

Toute l'assemblée offrait l'aspect de la gravité la plus majestueuse et la plus imposante, et dans la contenance des chevaliers on pouvait voir les traces de la valeur militaire jointe au maintien décent et recueilli, convenable à des hommes qui ont embrassé la profession religieuse; et cet ensemble caractéristique se faisait encore plus remarquer dans un moment où ils se trouvaient en présence du grand-maître.

Les autres parties de la salle étaient occupées par des gardes armés de pertuisanes et par une foule de gens que la curiosité avait attirés pour voir en même temps un grand-maître et une sorcière juive. Au reste, la majeure partie était d'une manière ou d'une autre liée à l'ordre; voilà pourquoi presque tout le monde était vêtu en noir, couleur distinctive de l'ordre.

Les paysans des campagnes environnantes avaient également eu la faculté d'entrer ; car Beaumanoir s'était fait une gloire de rendre aussi public que possible l'acte édifiant de justice qu'il allait exercer. Ses grands yeux bleus semblaient s'ouvrir encore davantage lorsqu'il en promenait les regards autour de lui, et sa physionomie paraissait animée d'une sorte d'orgueil produit par le sentiment intime de sa haute dignité et de l'importance du rôle qu'il allait jouer. Le chant d'un psaume que lui-même accompagna d'une voix grave, sonore et que l'âge n'avait pas dépouillée de tous ses agrémens, annonça l'ouverture de la séance. Les sons religieux du *Venite, exultemus Domino,* si souvent chanté par les templiers avant d'en venir aux mains avec leurs ennemis, avaient été regardés par Lucas comme les plus convenables pour célébrer par anticipation le triomphe, comme il l'envisageait, sur les puissances des ténèbres. Ces sons, lentement prolongés, et produits par cent voix accoutumées à chanter en chœur, s'élevèrent jusqu'à la voûte de la salle, et se firent entendre en ondoyant le long de ses arceaux, comme le bruit harmonieux et solennel d'une majestueuse cataracte.

Lorsque les chants eurent cessé, le grand-maître parcourut lentement des yeux le cercle qui l'entourait et remarqua que le siége d'un des précepteurs était vacant. Brian de Bois-Guilbert, qui l'avait occupé, l'avait quitté, et se tenait maintenant debout à l'extrémité la plus reculée d'un des bancs sur lesquels étaient assis les compagnons du Temple; d'une main, il étendait son manteau de manière à cacher une partie de sa figure, tandis que de l'autre il tenait son épée, dont la poignée était en forme de croix, et avec la pointe traçait des lignes sur le plancher de la salle.

« L'infortuné! dit le grand-maître après avoir jeté sur lui un coup d'œil de compassion; tu vois, Conrad, quel trouble apporte dans son ame l'œuvre pieuse à laquelle nous sommes occupés. A quoi le regard licencieux de la femme, aidé par le prince des puissances de l'enfer, ne peut-il pas porter un digne et vaillant chevalier? Vois-tu qu'il n'ose lever les yeux sur nous; qu'il n'ose les lever sur elle? Et qui sait si ce n'est pas par l'impulsion du démon qui le tourmente que sa main trace sur le plancher ces lignes cabalistiques? Il est possible que notre vie et notre sûreté soient menacées par ces caractères; mais nous bravons, nous défions notre impur ennemi : *semper leo percutiatur.* »

Le grand-maître parlait ainsi à voix basse à son confident Conrad Mont-Fichet. Ensuite, élevant la voix et s'adressant à l'assemblée, il s'exprima en ces termes : «Révérends et vaillans commandeurs, précepteurs, chevaliers et compagnons de ce saint ordre, mes frères et mes enfans! vous aussi, dignes et pieux écuyers, qui aspirez à porter cette sainte croix! et vous aussi frères chrétiens de tous les rangs et de toutes les dénominations! nous voulons bien vous faire savoir que ce n'est pas une insuffisance de pouvoir en nous qui a donné lieu à la convocation de cette assemblée; car, quelque indigne que nous nous reconnaissions, nous avons été investi, en recevant ce bâton, du pouvoir plein et entier de poursuivre et juger dans tout ce qui a rapport au bien et aux intérêts de notre saint ordre. Le bienheureux saint Bernard, au cinquante-neuvième chapitre des statuts de notre profession chevaleresque et religieuse, a dit qu'il ne voulait pas que les frères fussent convoqués pour se réunir en conseil, sauf à la volonté et par l'ordre du maître, nous laissant la libre faculté de déterminer et de juger, comme l'ont fait les dignes et vénérables pères qui nous ont précédé dans notre haute dignité, de l'objet, de l'époque et du lieu où devait être convoqué un chapitre, soit général, soit partiel de l'ordre. La règle dit aussi que, dans ces chapitres, il est de notre devoir d'écouter les avis de nos frères, et d'agir ensuite selon notre bon plaisir. Mais, lorsque le loup furieux est venu fondre sur le troupeau et en a emporté une brebis, il est du devoir du bon pasteur de rassembler tous ses compagnons afin de repousser l'ennemi avec l'arc et la fronde, suivant notre règle bien connue, que le lion doit être continuellement frappé.

« C'est pourquoi nous avons fait comparaître en notre présence une juive, nommée Rébecca, fille d'Isaac d'York, femme honteusement célèbre par ses sortiléges et ses enchantemens, à l'aide desquels elle a corrompu le cœur et égaré l'esprit, non d'un serf, mais d'un chevalier; non d'un chevalier séculier, mais d'un chevalier dévoué au service du saint Temple; non d'un chevalier compagnon, mais d'un précepteur de notre ordre, également distingué et par la gloire qu'il a acquise et par le rang qu'il occupe. Notre frère Brian de Bois-Guilbert est bien connu de nous et de tous ceux qui m'écoutent en ce moment, comme un vrai et zélé champion de la croix, dont le bras a fait des prodiges de valeur dans la Terre-Sainte, et a purifié les lieux saints par le sang des infidèles qui les avaient souillés. Et notre frère ne se faisait pas moins distinguer par sa sagacité et sa prudence que par sa valeur et ses talens militaires, au point que, soit dans l'Orient, soit dans l'Occident, nos chevaliers désignaient Bois-Guilbert comme celui qui pouvait avec justice être nommé mon successeur, et tenir ce bâton, lorsqu'il plaira à Dieu de me délivrer de la fatigue de le porter. Si l'on nous disait qu'un tel homme, aussi honoré et aussi honorable, oubliant tout à coup ce qu'il doit à son rang, à son caractère, à ses vœux, à ses frères, à ses espérances, a fait société avec une fille juive, a erré avec elle dans des lieux solitaires, a négligé sa propre défense pour ne s'occuper que de celle de sa compagne, et enfin a poussé l'aveuglement et la démence jusqu'à l'amener dans une de nos préceptoreries ; que devrions-nous penser, sinon que le noble chevalier était possédé

CHAPITRE XXXII.

d'un malin esprit, ou se trouvait sous l'influence de quelque maléfice. Si nous pouvions soupçonner qu'il en fût autrement, croyez que ni son rang, ni sa valeur, ni sa haute réputation, ni aucune autre considération humaine, ne nous empêcheraient de lui infliger un juste châtiment, afin d'enlever l'iniquité du milieu de nous, ainsi qu'il est dit dans le texte de l'Écriture : *Auferte malum a vobis.*

«Nombreux et détestables sont les actes de transgression aux statuts de notre saint ordre dans cette lamentable histoire. Premièrement, il a marché selon sa propre volonté, ce qui est contraire à l'article 33 : *Quod nullus juxta propriam voluntatem incidat;* secondement, il a eu communication avec une personne excommuniée, article 57: *Ut fratres non participent cum excommunicatis:* aussi a-t-il encouru une partie de *l'anathema maranatha;* troisièmement, il a conversé avec des femmes étrangères, en contravention à l'article, *Ut fratres non conversentur cum extraneis mulieribus;* quatrièmement, il n'a pas évité, que dis-je! il est à craindre qu'il n'ait sollicité le baiser de la femme, par le moyen duquel, dit le dernier règlement de notre saint ordre, *Ut fugiantur oscula,* les soldats de la croix sont entraînés dans le piége. En punition desquelles offenses, aussi odieuses que multipliées, Brian de Bois-Guilbert serait retranché et expulsé de notre congrégation, en fût-il le bras droit et l'œil droit.»

Beaumanoir s'arrêta un instant. Un murmure sourd se fit entendre dans l'assemblée. Quelques uns des plus jeunes chevaliers, qui avaient paru disposés à sourire du statut *De osculis fugiendis,* prirent maintenant un air de gravité, et attendirent avec anxiété ce que le grand-maître allait ajouter. «Tel serait, dit-il, et tel devrait être le châtiment d'un chevalier du Temple, qui aurait, volontairement et sciemment, péché contre des articles aussi formels de nos statuts. Mais si, par le moyen de charmes et sortiléges, Satan était parvenu à s'emparer de l'esprit du chevalier, sans doute parce qu'il avait porté des regards trop imprudens sur la beauté de cette fille, nous devons plutôt déplorer que punir un pareil écart, et nous borner seulement à

CHAPITRE XXXVII.

lui imposer une pénitence proportionnelle et qui puisse le purifier de son iniquité, et tourner le glaive de notre indignation sur l'instrument maudit qui a failli occasionner sa perte. Levez-vous donc, et venez rendre témoignage, vous tous qui avez connaissance de ces faits déplorables, afin que nous connaissions le nombre et l'importance des preuves, et que nous nous assurions si notre justice peut être satisfaite par le châtiment de cette infidèle, ou si nous devons, quoique notre cœur saigne d'y penser, continuer à procéder rigoureusement contre notre frère. »

Plusieurs témoins furent appelés pour prouver les dangers auxquels Bois-Guilbert s'était exposé en s'efforçant de sauver Rébecca de l'incendie du château, et l'oubli de sa propre défense pour la mettre à couvert. Ils donnèrent tous ces détails avec l'exaltation habituelle aux esprits vulgaires dès qu'ils sont fortement excités par quelque événement remarquable; ainsi, par l'effet de ce penchant naturel pour le merveilleux, les témoins appelés se plurent à exagérer dans leurs récits toutes les circonstances qui tendaient à prononcer la non culpabilité de l'éminent personnage qui avait demandé une pareille information. Ainsi les périls que Bois-Guilbert avait surmontés, déjà grands en eux-mêmes, passèrent pour des prodiges; et le dévouement du chevalier pour la défense de Rébecca fut exagéré au delà des bornes non seulement de toute modération, mais même d'un zèle chevaleresque porté à l'excès; et sa déférence à tout ce qu'elle disait, encore que le langage de la captive devînt souvent sévère et plein de reproches personnels, fut représentée comme poussée à un point qui, dans un homme de son caractère, fougueux et hautain, semblait, pour ainsi dire, contre nature.

Le précepteur de Templestowe fut ensuite appelé pour décrire la manière dont Bois-Guilbert et la juive étaient arrivés à la préceptorerie. La déposition de Malvoisin fut faite avec beaucoup de prudence et d'habileté. Tout en cherchant à ménager le caractère et la susceptibilité de Bois-Guilbert, il entremêla son discours de quelques expressions qui donnaient presque à entendre qu'il était en proie à une aliénation temporaire d'esprit, tant il paraissait épris de la fille qu'il avait amenée. Le précepteur, avec de profonds soupirs de contrition, témoigna le regret qu'il avait d'avoir reçu Rébecca et son amant dans la préceptorerie. « Mais, dit-il en finissant, ma défense est dans les aveux que j'ai faits à notre éminentissime père, le grand-maître ; il sait que mes motifs n'étaient point criminels, quoique ma conduite puisse avoir été irrégulière. »

«Tu as très bien parlé, frère Albert, dit Beaumanoir; tes motifs étaient purs, puisque tu pensais qu'il fallait arrêter ton frère dans la carrière d'erreur et de folie où il allait se précipiter. Mais ta conduite a été blâmable; tu as été aussi imprudent que celui qui, voulant arrêter un cheval dans sa course fougueuse, saisit l'étrier, au lieu de le prendre par la bride, et se nuit à lui-même, sans atteindre le but qu'il s'était proposé. Notre pieux fondateur a ordonné qu'on récitât treize *Pater noster* à matines, et neuf à vêpres; ce nombre sera doublé pour toi. Il est permis aux templiers de manger de la viande trois fois la semaine; tu t'en abstiendras pendant les sept jours. Fais cela pendant six semaines, et ta pénitence sera achevée.»

Affectant la plus profonde soumission, le précepteur de Templestowe s'inclina jusqu'à terre et retourna à sa place. «Ne serait-il pas à propos, mes frères, dit le grand-maître, que nous prissions quelques informations sur la vie antérieure de cette femme, principalement afin de découvrir s'il est probable qu'elle fasse usage de magie et de sorcellerie, puisque les faits contenus dans les dépositions que nous avons entendues peuvent avec juste raison nous porter à croire que, dans cette malheureuse affaire, notre coupable frère a agi sous l'influence de quelque enchantement, ou de quelque prestige infernal?»

Herman de Goodalrik était le quatrième précepteur présent; les autres trois étaient Conrad, Malvoisin et Bois-Guilbert lui-même. Herman était un ancien guerrier, dont le visage était couvert de cicatrices que lui avait faites le sabre des musulmans, et jouissait d'une haute estime et d'une grande considération parmi ses frères. Il se leva et fit une grande inclination au grand-maître, qui lui accorda sur-le-champ la permission de parler.

« Éminentissime père, dit-il, je désirerais savoir de notre vaillant frère Brian de Bois-Guilbert ce qu'il a à répondre à ces étonnantes accusations, et de quel œil il regarde lui-même en ce moment sa malheureuse liaison avec cette fille juive. » — « Brian de Bois-Guilbert, dit le grand-maître, tu entends la question à laquelle notre frère de Goodalrik désire que tu répondes. Je t'ordonne de le faire. » Bois-Guilbert tourna la tête vers le grand-maître qui lui adressait la parole et garda le silence.

« Il est possédé d'un démon muet, dit le grand-maître. Retire-toi, Satan ! Parle, Brian de Bois-Guilbert, je t'en conjure par ce symbole de notre saint ordre. »

Bois-Guilbert fit un effort pour cacher le mépris et l'indignation dont il se sentait pénétré, et dont il savait bien que l'expression ne lui aurait été d'aucune utilité. « Éminentissime père, répondit-il, Brian de Bois-Guilbert ne répond point à des accusations aussi étranges et aussi vagues. Si son honneur est attaqué, il le défendra de son corps et de son épée, qui a si souvent combattu pour la chrétienté. » — « Nous te pardonnons, frère Brian, dit le grand-maître. Te vanter ainsi de tes exploits guerriers en notre présence, c'est te glorifier de tes propres actions, et c'est l'œuvre de notre grand ennemi, qui, par ses tentations, nous porte à nous élever un autel à nous-mêmes. Mais tu as notre pardon, parce que nous pensons que tu parles moins d'après tes propres sentimens, que d'après les suggestions de celui qui, à l'aide du ciel, nous subjuguerons et chasserons hors de cette assemblée. »

L'œil noir et farouche de Bois-Guilbert lança un regard de dédain sur le grand-maître, mais il garda le silence. « Maintenant, poursuivit le grand-maître, puisque la question de notre frère Goodalrick a été répondue, quoique d'une manière imparfaite, nous allons, mes frères, continuer notre enquête, et avec l'aide de notre patron, approfondir ce mystère d'iniquité. Que ceux qui ont quelque déposition à faire concernant la vie et la conduite de cette juive se présentent devant nous. »

Il se fit en ce moment un tumulte dans la partie inférieure de la salle, et lorsque le grand-maître en demanda la cause, on lui répondit qu'il se trouvait dans la foule un homme qui avait été perclus de tous ses membres, et qui avait été parfaitement guéri par le moyen d'un baume merveilleux.

Le pauvre paysan, Saxon de naissance, fut traîné jusqu'à la barre du tribunal, accablé de terreur par l'idée des châtimens qui pouvaient lui être infligés pour le crime de s'être laissé guérir de la paralysie par une fille juive. Dire qu'il était parfaitement guéri, c'était une exagération, car ce fut avec des béquilles qu'il alla faire sa déclaration. Ce fut avec beaucoup de répugnance qu'il balbutia cette déclaration, et il l'accompagna de beaucoup de larmes. Il avoua cependant que deux ans auparavant, lorsqu'il demeurait à York, il fut subitement attaqué d'une cruelle maladie, pendant qu'il travaillait pour Isaac, le riche juif, dans son état de menuisier; qu'il lui avait été impossible de se lever de son lit jusqu'à ce que les remèdes employés sous la direction de Rébecca, et particulièrement un baume réchauffant et odoriférant, lui eussent rendu en partie l'usage de ses membres. En outre, dit-il, elle lui avait donné un pot de ce précieux onguent, et de plus une pièce d'or, pour retourner chez son père, près de Templestowe. «Et plaise à votre gracieuse révérence, ajouta-t-il; je ne puis croire que la damoiselle ait eu aucun dessein de me nuire, quoiqu'elle ait le malheur d'être juive; car, même lorsque je faisais usage de son remède, j'ai dit le *Pater* et le *Credo*, et il n'en a pas opéré moins efficacement.»

«Silence, misérable, dit le grand-maître, et retire-toi. Il convient bien à des rustres comme toi de prendre des remèdes, de te mêler de cures infernales, et de donner ton travail aux enfans de l'incrédulité. Je te dis que le démon peut envoyer des maladies, dans le seul but de les guérir lui-même, afin de mettre en crédit quelque préparation infernale. As-tu sur toi cet onguent dont tu parles?»

Le paysan, fouillant dans son sein d'une main tremblante, en tira une petite boîte, qui avait quelques caractères hébraïques sur le couvercle, ce qui, pour le plus grand nombre des assistans, fut considéré comme une preuve certaine qu'elle sortait de la pharmacie du Diable. Beaumanoir, après avoir fait un signe de croix, prit la boîte; et comme il connaissait la plupart des langues orientales, il lut facilement l'inscription qui était sur le couvercle: *Le lion de la tribu de Juda a vaincu.* «Étrange pouvoir de Satan! dit-il, qui peut transformer l'Écriture sainte en blasphème en mêlant du poison avec notre nourriture journalière! N'y a-t-il pas ici quelque médecin qui puisse nous dire quels sont les ingrédiens de cet onguent mystique?»

Deux soi-disant médecins, l'un moine et l'autre barbier, s'avancèrent, et déclarèrent qu'ils ne connaissaient pas les drogues qui entraient dans la composition de ce remède, excepté qu'ils y trouvaient une odeur de myrrhe et de camphre, qu'ils pensaient être des herbes orientales. Mais avec cette haine qu'inspire leur profession contre celui qui exerce leur art avec succès, ils insinuèrent que puisque la composition du remède passait leur propre savoir, elle ne pouvait avoir été faite que dans une pharmacie impure et diabolique, puisque eux-mêmes, bien qu'ils ne fussent pas sorciers, connaissaient parfaitement toutes les branches de leur art, en tant qu'elles étoient compatibles avec la conscience d'un chrétien. Lorsque cette enquête médicale fut terminée, le paysan saxon demanda humblement qu'on lui rendît le remède qu'il avait trouvé si salutaire : mais le grand-maître, fronçant le sourcil et le regardant d'un air sévère, lui dit : « Misérable estropié, quel est ton nom ? »

« Higg, fils de Snell, » répondit le paysan.
— « Eh bien ! Higg, fils de Snell, dit le grand-maître, je te dis qu'il vaut mieux être paralytique que de devoir aux remèdes des infidèles la faculté de se lever et de marcher, et qu'il vaut mieux dépouiller les

infidèles de leurs trésors, de vive force, que d'accepter les dons de leur bienveillance, ou de se mettre à leur service pour des gages. Va et fais ton profit de la leçon que je te donne. » — « Hélas ! dit le paysan, n'en déplaise à votre révérence, cette leçon vient trop tard pour moi ; car je ne suis qu'un estropié ; mais je dirai à mes deux confrères, qui sont au service du riche rabbin Nathan ben Samuel, que votre grand'maîtrise dit qu'il est plus légitime de le voler que de le servir fidèlement. » — « Qu'on fasse retirer ce vilain bavard ! dit Beaumanoir, qui n'était pas préparé à réfuter cette application pratique de sa maxime générale.

Higg, fils de Snell, rentra dans la foule ; mais s'intéressant au sort de sa bienfaitrice, il resta dans la salle pour savoir ce qui serait décidé à son égard, même au risque de rencontrer de nouveau les regards de ce juge sévère qui, par la terreur qu'il lui inspirait, faisait frissonner tout son corps.

Alors le grand-maître ordonna à Rébecca d'ôter son voile. Ouvrant les lèvres pour la première fois, elle répondit d'un ton pudique, mais avec dignité, que ce n'était pas la coutume parmi les filles de son peuple de se découvrir le visage quand elles étaient seules dans une assemblée d'étrangers. Le doux son de sa voix et la modestie de sa réponse firent naître dans l'auditoire un sentiment de pitié et de sympathie. Mais Beaumanoir, qui regardait comme une vertu en elle-même de réprimer tout sentiment d'humanité qui aurait pu empêcher l'accomplissement de ce qu'il s'imaginait être un rigoureux devoir, réitéra l'ordre d'ôter le voile à sa victime. Les gardes se disposaient à obéir, lorsque Rébecca se leva devant le grand-maître et dit : « Ah! pour l'amour de vos filles!... mais j'oublie que vous n'avez point de filles, ajouta-t-elle après un moment de réflexion : mais par le souvenir de vos mères, pour l'amour de vos sœurs et de la décence naturelle à mon sexe, ne souffrez pas que je sois ainsi traitée en votre présence : il n'est pas convenable qu'une jeune fille soit découverte par des paysans aussi grossiers. Je vous obéirai, ajouta-t-elle avec une expression de douleur et de patience qui attendrit presque le cœur de Beaumanoir lui-même. Vous êtes les anciens de votre peuple, et à votre commandement je vous montrerai les traits d'une fille infortunée. »

Elle leva son voile et découvrit aux spectateurs un visage sur lequel on apercevait un mélange parfait de modestie et de noblesse. Son extrême beauté excita un murmure de surprise, et les jeunes chevaliers, se regardant les uns les autres, se dirent des yeux que la meilleure excuse de Brian était dans le pouvoir plutôt de ses charmes réels que de ses sortiléges imaginaires. Mais Higg, fils de Snell, fut celui qui se sentit le plus affecté à la vue du visage de sa bienfaitrice. « Laissez-moi sortir, dit-il à ceux qui gardaient la porte de la salle, laissez-moi sortir : si je la regarde encore une fois, j'en mourrai, puisque j'aurai participé au meurtre que l'on veut commettre. »

« Paix ! brave homme, dit Rébecca lorsqu'elle entendit cette exclamation; tu ne m'as point fait de mal en disant la vérité; tu ne saurais me faire de bien par tes plaintes et tes lamentations. Garde donc le silence, je t'en prie; retire-toi, et que Dieu te protége!»

Higg allait être mis à la porte par les gardes, qui le plaignaient, mais qui craignaient qu'une nouvelle interruption de sa part ne leur attirât des reproches et à lui même un châtiment : mais il promit d'être calme, et on lui permit de rester. On appela alors les deux hommes d'armes avec lesquels Albert de Malvoisin n'avait pas manqué de s'entendre sur la déposition qu'ils avaient à faire. Quoique ce fussent des scélérats endurcis et entièrement étrangers à la pitié, néanmoins la vue de l'accusée, aussi bien que son extrême beauté, parut d'abord leur en imposer; mais un coup d'œil expressif du précepteur de Templestowe leur rendit aussitôt leur horrible sang-froid; et ils donnèrent, avec une précision qui aurait paru suspecte à des juges moins prévenus, des détails, soit totalement faux, soit indifférens et naturels en eux-mêmes, mais qui éveillaient le soupçon par la manière exagérée avec laquelle ils étaient racontés, et par les commentaires sinistres que les témoins ajoutaient aux faits. Leur déposition aurait pu, dans des temps modernes, être divisée en deux parties : l'une contenant des faits insignifians; l'autre des faits totalement faux, et d'ailleurs matériellement impossibles : mais, dans ces temps d'ignorance et de superstition, les uns et les autres étaient admis comme preuves de culpabilité. Dans la première classe de ces faits il était dit qu'on avait entendu Rébecca se parler à elle-même dans une langue inconnue; que les chansons qu'elle chantait de temps en temps avaient un son très doux qui charmait les oreilles et faisait tressaillir le cœur de ceux qui les entendaient; qu'en se parlant quelquefois à elle-même, elle levait les yeux au ciel et semblait attendre une réponse; que ses vêtemens étaient d'une forme étrange et mystique, et différaient de ceux que portaient les femmes de bon renom; qu'elle avait des bagues sur lesquelles étaient gravées des devises cabalistiques, et que des caractères inconnus étaient brodés sur son voile.

Toutes ces circonstances, si naturelles et si triviales, furent écoutées gravement comme des preuves, ou du moins comme de fortes présomptions indicatrices d'une correspondance coupable avec des puissances mystiques.

Mais un des soldats fit une déposition moins équivoque et qui fixa plus particulièrement l'attention des assistans et entraîna leurs suffrages, malgré l'invraisemblance des faits. Il avait vu, dit-il, Rébecca opérer une cure sur un homme blessé qu'on avait apporté avec lui à Torquilstone. Elle fit certains signes sur la blessure et prononça certains mots mystérieux, que, grace au ciel, il n'avait pas compris, sur quoi le fer d'un carreau d'arbalète s'était dégagé de la blessure, le sang s'était étanché, la blessure s'était refermée, et que, un quart d'heure après, le moribond était sur les remparts, aidant le témoin à charger et à diriger la machine destinée à lancer des pierres. Cette fable était probablement fondée sur le fait réel que Rébecca avait donné des soins à Ivanhoe blessé, lorsqu'il se trouvait au château de Torquilstone. Mais il était plus difficile de révoquer en doute la véracité du témoin, parce que, pour donner une preuve matérielle à l'appui de son témoignage, il tira de sa poche le fer qui, suivant ce qu'il affirmait, avait été miraculeusement extrait de sa blessure; et comme le fer pesait tout juste une once, cette circonstance était une confirmation complète de la vérité, quelque merveilleuse qu'elle parût.

Son camarade avait vu, du haut d'une tour voisine, la scène qui s'était passée entre Rébecca et Bois-Guilbert, lorsqu'elle était sur le point de se précipiter du haut de la plateforme. Pour ne pas rester en arrière de son compagnon, il déclara qu'il avait vu Rébecca se percher sur le parapet de la tour, et là prendre la forme d'un cygne blanc comme du lait, voler trois fois autour du château de Torquilstone, puis se percher de nouveau sur la tour et parvenir à reprendre ensuite sa première forme.

Un petit nombre de témoignages de cette importance auraient suffi pour convaincre de sorcellerie toute femme vieille, pauvre et laide, quand bien même elle n'aurait pas été juive; mais, joints à une fatale circoustance, ils formaient un corps de preuves trop redoutable pour la jeunesse de Rébecca, qui réunissait à tant d'autres précieuses qualités la beauté la plus remarquable.

Le grand-maître, ayant recueilli les suffrages, demanda d'un ton grave à Rébecca ce qu'elle avait à alléguer contre la sentence de condamnation qu'il allait prononcer. « Invoquer votre pitié, dit l'aimable juive d'une voix tremblante, serait, j'ai tout lieu de le craindre, entièrement superflu, si d'ailleurs je ne regardais cette démarche comme une bassesse. Vous dire que soulager les malades et les blessés d'une autre religion ne peut déplaire au fondateur reconnu de nos deux croyances ne servirait également de rien ; alléguer que plusieurs choses dont ces hommes (que Dieu puisse leur pardonner!) m'ont accusée, sont impossibles, ne serait pas plus favorable à ma cause, puisque vous croyez à leur possibilité. Je ne réussirais pas mieux en vous disant que mes vêtemens, mon langage, mes habitudes, tout cela tient aux usages de mon peuple... j'allais dire de ma patrie; mais, hélas! nous n'avons plus de patrie. Je ne chercherai même pas à me justifier aux dépens de mon oppresseur qui est là, écoutant les fictions et les présomptions qui semblent transformer le tyran en victime. Que Dieu soit juge entre lui et moi! mais plutôt souffrir dix fois le genre de mort auquel il sera de votre bon plaisir de me condamner, que d'écouter les propositions que cet homme de Bélial a osé me faire lorsque j'étais sans amis, sans défense, et sa prisonnière! Mais il est de votre croyance; à ce titre, tout ce qu'il pourra dire pour sa justification, ou pour m'accuser, aura bien plus de poids auprès de vous que les protestations les plus solennelles d'une malheureuse juive. Je ne rétorquerai donc pas contre lui l'accusation portée contre moi; mais c'est à lui..., oui, Brian de Bois-Guilbert, c'est à toi que j'en appelle, c'est toi que j'interpelle de dire si ces accusations ne sont pas fausses, si elles ne sont pas aussi monstrueuses et calomnieuses qu'elles sont peu méritées, cruelles et meurtrières.»

Elle s'arrêta un moment. Tous les yeux

se tournèrent vers Brian de Bois-Guilbert. Il garda le silence. «Parle, reprit-elle; si tu es homme, si tu es chrétien, parle! je t'en conjure par l'habit que tu portes, par le nom que tes ancêtres t'ont laissé pour héritage, par l'ordre de la chevalerie dont tu te fais gloire, par l'honneur de ta mère, par le tombeau et par les ossemens de ton père, je te somme de déclarer si tout ce qu'on a dit contre moi est vrai.» — «Réponds-lui, mon frère, dit le grand-maître, si toutefois l'ennemi contre lequel je te vois lutter t'en laisse le pouvoir.»

En effet, Bois-Guilbert paraissait être en proie à un tumulte de passions, qui, se combattant les unes les autres, opéraient une sorte de convulsion dans tous ses traits; et ce ne fut que d'une voix qui exprimait la plus grande contrainte, qu'il put articuler ces mots entrecoupés en regardant Rébecca : «Le papier! le papier!»

«Vous l'entendez, s'écria Beaumanoir; voilà ce qu'on peut regarder comme une preuve irréfragable, puisque la victime de ses sortiléges ne peut prononcer que : «Le papier!» Le papier fatal, le talisman, sur

CHAPITRE XXXVII.

lequel probablement est inscrite la cause de son silence. »

Mais Rébecca interpréta différemment les paroles arrachées pour ainsi dire à Bois-Guilbert; et jetant un coup d'œil rapide sur le morceau de papier qu'elle tenait encore à la main, elle lut ces mots tracés en caractères arabes : « *Demande le privilége à un champion.* » Le murmure qui se fit entendre dans l'assemblée, occasionné par les commentaires que les spectateurs se communiquaient sur l'étrange réponse de Bois-Guilbert, donna à Rébecca le temps de lire, et au même instant de détruire le papier, sans qu'on s'en aperçût. Lorsque le silence fut rétabli le grand-maître reprit la parole.

« Rébecca, dit-il, tu ne peux retirer aucun avantage du témoignage de ce malheureux chevalier, contre qui, nous le voyons bien, l'ennemi est trop puissant. As-tu quelque autre chose à dire ? » — « Il me reste encore une chance pour sauver ma vie, dit Rébecca, même d'après vos lois barbares. Ma vie a été misérable, bien misérable, du moins dans ces derniers temps; mais je ne rejetterai point un don que j'ai reçu de Dieu, tant qu'il me fournira les moyens de le défendre. Je nie l'accusation portée contre moi; je maintiens mon innocence et la fausseté de l'inculpation; je réclame le privilége du combat en champ clos, et je comparaîtrai par un champion. »

«Et qui voudra, Rébecca, dit le grand-maître, lever sa lance et la mettre en arrêt pour une sorcière? Qui voudra se présenter comme le champion d'une juive?»—«Dieu me suscitera un champion, répondit Rébecca. Il n'est pas possible que, dans l'heureuse Angleterre, sur cette terre hospitalière, chez cette nation généreuse et libre, où l'on trouve un si grand nombre de chevaliers prêts à hasarder la vie pour l'honneur, il ne s'en trouve un seul qui veuille combattre pour la justice. Mais il suffit que je réclame le privilége du combat, et voilà mon gage. » En disant ces mots elle ôta un de ses gants brodés et le jeta devant le grand-maître avec un air de modestie et de dignité qui excita une suprise et une admiration universelles.

CHAPITRE XXXVIII.

« Je jette là mon gage pour te prouver la vérité de ce
« que j'avance, jusqu'au dernier degré de la valeur mar-
« tiale. » SHAKSPEARE. *Richard II.*

Lucas Beaumanoir lui-même se sentit alors ému par l'air de noblesse et le maintien décent de Rébecca. Il n'était naturellement ni cruel, ni même sévère; mais son caractère froid, sans passions vives, uni à un sentiment élevé, quoique faux, lui faisait regarder comme un devoir les impressions d'un cœur qui s'était graduellement endurci par l'effet d'une vie ascétique, comme par l'exercice du pouvoir suprême, et encore par la nécessité supposée de subjuguer les infidèles et de déraciner l'hérésie, qu'il s'imaginait être pour lui une obligation toute particulière. Ses traits se relâchèrent un peu de leur inflexibilité habituelle, lorsque ses regards se fixèrent sur la belle et intéressante créature qui était devant lui, seule, sans amis, et qui se défendait avec tant de dignité et de courage. Il fit deux fois le signe de la croix, ne sachant d'où provenait cet attendrissement inusité d'un cœur qui, dans des occasions semblables, avait été d'une dureté égale à celle de l'acier de son épée. Enfin il reprit la parole.

«Jeune fille, dit-il, si la pitié que je ressens pour toi est l'effet de quelque art magique que tu aies pratiqué sur moi, ton crime est grand; mais j'aime à la regarder comme produite par de plus doux sentimens de la nature, qui s'afflige de voir qu'un corps qui présente une forme aussi agréable ne soit qu'un vase de perdition; exprime ton repentir, ma fille, confesse tes crimes de charmes et d'enchantemens, renonce à ta fausse croyance, embrasse notre sainte religion, et tu seras encore heureuse, et dans cette vie et dans l'autre. Placée dans quelque monastère de l'ordre le plus austère, tu auras encore le temps de prier et de faire pénitence, et tu ne te repentiras pas de cette résolution. Fais ce que je te dis, et sauve ta vie. Qu'a fait pour toi la loi de Moïse? qui t'oblige à lui sacrifier ta vie?»

«Ce fut la loi de mes pères, répondit

CHAPITRE XXXVIII.

Rébecca ; elle leur fut donnée sur le mont Sinaï, au milieu du tonnerre et des éclairs, et dans un nuage de feu ; c'est ce que vous croyez si vous êtes chrétiens ; elle est, dites-vous, révoquée, mais c'est là ce que mes maîtres ne m'ont point enseigné. » — « Qu'on fasse venir notre chapelain, dit Beaumanoir ; qu'il dise à cette infidèle obstinée... » — « Pardonnez si je vous interromps, dit Rébecca avec douceur ; je ne suis qu'une jeune fille, inhabile à discuter sur ma religion ; mais je saurai mourir pour elle, si telle est la volonté de Dieu. Daignez m'accorder une réponse à ma demande du privilége d'un champion. »

« Donnez-moi son gant, dit Beaumanoir. Certes, continua-t-il en examinant le tissu léger et les doigts effilés de ce gant, voilà un gage bien faible et bien frêle pour un combat aussi terrible. Vois-tu, Rébecca, comme ton gant mince et léger est à un de nos lourds gantelets d'acier ? ainsi est ta cause à l'égard de celle du Temple ; car c'est notre saint ordre que tu as défié. » — « Mets mon innocence de l'autre côté de la balance, répondit Rébecca, et le gant de soie l'emportera sur le gant de fer. »

« Ainsi donc, dit le grand-maître, tu persistes dans ton refus de confesser ton crime, et dans l'audacieux défi que tu as fait? » — « Je persiste, noble sire, répondit Rébecca. » — « Soit donc ainsi fait, au nom du ciel! dit le grand-maître, et que Dieu fasse triompher le bon droit! » — « *Amen!* » répondirent les précepteurs autour de lui, et le mot fut répété par toute l'assemblée.

« Mes frères, dit Beaumanoir, vous n'ignorez pas que nous aurions très bien pu refuser à cette femme le privilége du jugement par combat; mais, quoique juive et infidèle, elle est étrangère et sans défense; à Dieu ne plaise que, lorsqu'elle réclame le bénéfice de nos douces lois, nous refusions de l'en faire jouir! D'ailleurs nous sommes des chevaliers et des soldats aussi bien que des religieux, et ce serait une honte à nous de refuser, sous aucun prétexte, le combat demandé. Voici donc l'état de la cause. Rébecca, fille d'Isaac d'York, est, d'après un grand nombre de faits et de présomptions, accusée du crime de sorcellerie commis sur la personne d'un noble chevalier de notre saint ordre, et a réclamé le privilége du combat pour prouver son innocence. A qui êtes-vous d'avis, révérends frères, que nous devions remettre le gage du combat en le nommant en même temps notre champion dans la lice ? »

« A Brian de Bois-Guilbert, dit le précepteur Goodalrick, qui est personnellement intéressé dans cette affaire, et qui d'ailleurs connaît mieux que personne de quel côté est la vérité et la justice. »

« Mais, dit le grand-maître, si notre frère Brian est sous l'influence d'un charme ou d'un sort ? Ce n'est au reste que par motif de prudence ; car il n'est pas dans tout notre ordre un bras auquel je confierais plus volontiers la défense de cette cause, ou de toute autre d'une plus grande importance. » — « Éminentissime père, répondit le précepteur Goodalrick, aucun charme ne peut opérer sur le champion qui se présente au combat pour le jugement de Dieu. »

« Tu as raison, mon frère, dit le grand-maître. Albert Malvoisin, donne ce gage de bataille à Brian de Bois-Guilbert. La recommandation que nous avons à te faire, mon frère, continua-t-il en s'adressant à Bois-Guilbert, est que tu combattes vigoureusement et en homme de courage, ne doutant pas que tu ne fasses triompher la bonne cause. Et toi, Rébecca, fais attention que je te désigne le troisième jour, à partir de celui-ci, auquel tu auras dû trouver un champion.»—« C'est un délai bien court, répondit Rébecca, pour un étrangère, pour une femme d'une croyance différente de la vôtre, s'il faut trouver quelqu'un qui veuille combattre et exposer sa vie et son honneur à cause d'elle.»

«Il ne nous est pas possible de le prolonger, dit le grand-maître. Le combat doit avoir lieu en notre présence, et divers motifs puissans nous appellent ailleurs le quatrième jour. » — « Que la volonté de Dieu soit accomplie, dit Rébecca. Je mets ma confiance en celui pour qui un instant est aussi efficace pour se sauver que le serait une suite de siècles.» — «Tu as très bien dit, jeune fille, observa le grand-maître; mais nous savons quel est celui qui peut se couvrir d'armure et ressembler à un ange de lumière. Il ne reste plus qu'à désigner le lieu du combat, et, s'il y a lieu, celui de l'exécution. Où est le précepteur de cette maison ? »

Albert Malvoisin, ayant encore à la main le gant de Rébecca, parlait en ce moment à Bois-Guilbert d'un air animé, mais à voix basse. « Quoi ! dit le grand-maître, ne veut-il pas recevoir le gage ? » — « Il le recevra, il le reçoit, éminentissime père, répondit Malvoisin en cachant le gant sous son propre manteau. Quant au lieu du combat, je pense qu'il n'en est pas de plus convenable que la lice de Saint-Georges, appartenant à la préceptorerie, et où nous faisons ordinairement nos exercices militaires. » — « C'est bien, dit le grand-maître. Rébecca, c'est dans cette lice que tu devras produire ton champion; et s'il ne s'en présente point, ou si celui qui viendra est vaincu par le jugement de Dieu, tu mourras de la mort des sorcières, conformément à notre sentence. Que ce jugement soit consigné dans nos registres, et qu'on en fasse lecture à haute voix, afin que personne n'en prétende cause d'ignorance. »

L'un des chapelains qui remplissaient les fonctions de greffier inscrivit tout de suite ce jugement sur un énorme registre qui contenait les procès-verbaux des séances solennelles des chevaliers du Temple, et lorsqu'il eut fini d'écrire, l'autre chapelain lut à haute voix la sentence du grand-maître, rédigée en ces termes :

«Rébecca, juive, fille d'Isaac d'York, atteinte et convaincue de sorcellerie, de séduction et autres damnables pratiques, faites contre un chevalier du très saint ordre du Temple de Sion, nie le fait, et dit que le témoignage en ce jour porté contre elle est faux, méchant et déloyal, et que par légitime *essoine*[1], ou privilége de son corps, comme ne pouvant combattre elle-même, elle offre, par un gentilhomme, en sa place, de soutenir sa cause, et par lui

[1] Ce vieux mot signifie *excuse* par impossibilité de comparaître en justice. Il se rapporte ici, observe l'auteur anglais, au privilége qu'avait l'accusée d'envoyer un champion, ne pouvant combattre elle-même à cause de son sexe. A. M.

faisant son loyal devoir, en toute manière
chevaleresque, avec telles armes qu'à gage
de bataille il appartient, et ce à ses périls
et frais, pour quoi elle a jeté son gage; et
le gage ayant été remis ès-mains du noble
sire et chevalier Brian de Bois-Guilbert,
du saint ordre du Temple de Sion, il a été
désigné pour soutenir cette bataille au nom
de son ordre et de lui-même, comme partie offensée et comme victime des pratiques
de la réclamante. C'est pourquoi l'éminentissime père et puissant seigneur Lucas,
marquis de Beaumanoir, a octroyé permission de faire ledit défi, accordé ledit
essoine et privilége du corps de la réclamante, et désigné le troisième jour pour
ledit combat, le lieu étant l'enclos dit la
lice de Saint-Georges, près la préceptorerie
de Templestowe; et le grand-maître somme
la réclamante de comparaître audit lieu par
son champion, sous peine de subir sa sentence comme convaincue de sorcellerie ou
de séduction, et aussi somme le défendant d'y comparaître, sous peine d'être tenu
pour lâche, et déclaré tel comme défaillant;
et le noble seigneur et éminentissime père

susnommé, ordonne que ledit combat ait lieu en sa présence, le tout suivant les us et coutumes en pareil cas établis et déterminés. Que Dieu fasse justice à la bonne cause!»

«*Amen!*» dit le grand-maître, et le mot fut répété par tous les assistans. Rébecca ne parla point, mais elle leva les yeux au ciel, et, joignant les mains, resta une minute sans changer d'attitude. Ensuite elle rappela modestement au grand-maître qu'on devait lui permettre de profiter des occasions qui se présenteraient de communiquer librement avec ses amis, pour leur faire connaître sa position, et pour se procurer, s'il était possible, un champion qui voulût combattre à sa place.»

«Cela est juste et légitime, dit le grand-maître; choisis tel messager que tu croiras digne de ta confiance, et il aura libre communication avec toi dans la chambre qui te sert de prison.» — « Y a-t-il quelqu'un ici, dit Rébecca, qui par intérêt pour une cause juste, ou pour un ample salaire, veuille rendre ce service à un être qui est dans la détresse?»

Tout le monde garda le silence, croyant qu'il n'était pas prudent, en présence du grand-maître, de manifester de l'intérêt à la prisonnière qui venait d'être condamnée, et aussi par la crainte d'être soupçonné de protéger le judaïsme, ou de nourrir l'espoir d'une récompense, ou encore de trahir un sentiment naturel de compassion. Rébecca resta quelques instans dans un état d'anxiété impossible à décrire. « Est-il croyable ? s'écria-t-elle enfin. Eh quoi ! en Angleterre, me trouver ainsi privée de la seule espérance de salut qui me reste, faute d'un acte de charité qu'on ne refuserait pas même au dernier des criminels ! »

A la fin, Higg, fils de Snell, répondit : « Je ne suis qu'un estropié, mais si je puis me remuer ou marcher un peu, c'est à son secours charitable que je le dois. Je ferai ta commission, ajouta-t-il, autant que le peut un homme qui n'a pas le libre usage de ses membres ; et plût à Dieu que je fusse assez ingambe pour pouvoir réparer par ma promptitude le mal que j'ai fait avec ma langue ! Hélas ! lorsque je me glorifiais d'avoir été l'objet de ta charité, j'étais loin de penser que je mettrais ta vie en danger.»

«Dieu, dit Rébecca, dispose de tous les événemens ici-bas. Il peut faire cesser la captivité de Juda, même avec le plus faible instrument. Pour porter ses ordres, le limaçon est un messager aussi sûr que le faucon. Il te faut chercher Isaac d'York; voici de quoi payer tes frais de voyage, y compris ton cheval. Donne-lui ce billet : je ne sais si c'est du ciel que me vient cet espoir; mais j'ai réellement celui que je ne subirai pas la mort à laquelle on vient de me condamner, et que Dieu me suscitera un champion. Adieu! de ta diligence dépend ma vie ou ma mort.»

Le paysan prit le billet, qui contenait quelques mots en hébreu. Plusieurs des assistans voulaient dissuader Higg de toucher à un objet aussi suspect; mais il était résolu à servir sa bienfaitrice. Elle avait guéri son corps, disait-il, et il ne pouvait croire qu'elle eût le dessein de mettre son ame en péril. «Je vais, dit-il, emprunter le bon cheval de mon voisin Buthan, et je serai à York en aussi peu de temps qu'il

CHAPITRE XXXVIII.

sera possible avec une pareille monture. »

Mais sa bonne fortune ne le laissa pas aller si loin, car à environ un quart de mille des portes de la préceptorerie, il rencontra deux cavaliers, qu'à leur costume et à leurs gros bonnets jaunes il reconnut pour être des juifs; et lorsqu'il en fut rapproché, il vit que l'un d'eux était Isaac d'York pour qui il avait autrefois travaillé : l'autre était le rabbin Ben Samuel, et tous deux étaient venus aussi près de la préceptorerie qu'ils l'avaient osé, sur la nouvelle qu'ils avaient reçue que le grand-maître avait convoqué un chapitre pour faire le procès à une sorcière.

« Frère Ben Samuel, disait Isaac, mon esprit est troublé, et je ne sais pourquoi. Cette accusation de nécromancie n'est que trop souvent employée pour cacher de mauvais desseins contre notre peuple. »

« Tranquillise-toi, mon frère, répondit le médecin; tu peux prendre des arrangemens avec ces Nazaréens, parce que tu es en possession de richesses, qui sont le mammon de l'iniquité, et qui te mettent en état d'acheter pleine et entière immunité. L'or a sur les esprits féroces de ces hommes abandonnés de Dieu le même pouvoir qu'on attribuait au sceau du puissant roi Salomon, que l'on disait commander aux mauvais génies. Mais quel est ce pauvre malheureux qui vient ici, appuyé sur des béquilles, et qui, je crois, désire nous parler? Ami, dit-il en s'adressant à Higg, fils de Snell, je ne te refuse pas le secours de mon art, mais je ne donne pas même un aspre à ceux qui demandent l'aumône sur le grand chemin. Fi! n'as-tu pas de honte? Tu es paralysé des jambes, eh bien, travaille des mains pour gagner ta vie; car, si tu ne peux courir la poste, si tu ne peux avoir la garde fatigante d'un troupeau, être militaire ou servir un maître impatient, tu peux trouver d'autres occupations... Eh bien, mon frère, qu'est-ce qu'il y a donc, dit-il en s'interrompant pour regarder Isaac, qui n'ayant fait que jeter un coup d'œil sur le billet que Higg lui avait présenté, poussa un profond soupir, et se laissa tomber de sa mule, comme un homme qui va mourir, et resta un moment étendu sur la terre, privé de sentiment.

Le rabbin alarmé descendit de cheval, et employa aussitôt les remèdes que son art lui suggérait pour faire revenir son compagnon. Il avait même tiré de sa poche une boîte de ventouses, et se préparait à le saigner, lorsque l'objet de ses vives inquiétudes reprit tout à coup ses sens, mais ce fut pour jeter son bonnet et rouler sa tête dans la poussière. Le médecin eut d'abord la pensée d'attribuer cette subite et violente émotion à un accès de démence, et, persistant dans sa première intention, reprit en main ses instrumens. Mais Isaac le convainquit bientôt de son erreur.

« Enfant de ma douleur ! s'écria-t-il, on aurait bien pu te nommer Benoni au lieu de Rébecca. Pourquoi faut-il que ta mort conduise mes cheveux blancs au tombeau, et que, dans l'amertume de mon ame, je maudisse Dieu et que je meure ? »—« Frère, dit le rabbin saisi de surprise, es-tu père en Israël, et oses-tu prononcer des paroles semblables ? J'espère que l'enfant de ta maison vit encore. »

« Elle vit, répondit Isaac, mais c'est comme Daniel, que Balthasar avait fait jeter dans la fosse aux lions. Elle est prisonnière des enfans de Bélial, et ils exerceront leur cruauté sur elle, sans pitié pour sa jeunesse ni sa beauté. Oh! elle était comme une couronne de palmes verdoyantes sur mes cheveux blancs! et elle se fanera dans une nuit comme la courge ou citrouille de Jonas! Enfant de mon amour! ô Rébecca, fille de Rachel, les ténèbres de la mort t'environnent déja.» — «Mais enfin, lis ce billet, dit le rabbin; il est possible que nous trouvions encore quelque moyen de la délivrer.» — «Lis, mon frère, répondit Isaac, lis toi-même, car mes yeux sont comme une fontaine.» Le médecin lut, en hébreu, ce qui suit:

«A Isaac, fils d'Adonikam, que les Gentils appellent Isaac d'York. Que la paix et la bénédiction de la promesse se multiplient sur toi. Mon père, je suis comme une personne qui est condamnée à mourir pour une chose que mon ame ne connait point, pour le crime de sorcellerie. Mon père, si on peut trouver un homme fort, qui combatte pour ma cause, avec l'épée et la lance, suivant l'usage des Nazaréens, et cela dans la lice de Yostowe, le troisième jour à compter de celui-ci, le Dieu de nos pères lui donnera peut-être assez de force pour défendre l'innocence, et celle qui n'a personne pour la secourir. Mais si cela ne peut être, que les vierges de notre peuple pleurent sur moi comme sur une personne qui a été rejetée, comme sur la biche qui a été frappée par le chasseur, et comme sur la fleur qui a été coupée par la faux du moissonneur. C'est pourquoi vois ce que tu peux faire et s'il t'est possible de trouver un libérateur. Il y a un guerrier nazaréen qui pourrait à la vérité prendre les armes pour ma défense, Wilfrid, fils de Cedric, que les Gentils appellent Ivanhoe; mais il est possible qu'il ne soit pas encore en état de soutenir le poids de son armure. Néanmoins fais-lui connaître ma position, mon père; car il jouit d'une grande considération auprès des hommes vaillans de son peuple; et comme il a été notre compagnon dans la maison de servitude, il peut indiquer quelqu'un qui vienne combattre en ma faveur. Et dis-lui, dis à lui-même, dis à Wilfrid, fils de Cedric, que, soit que Rébecca vive, soit que Rébecca meure, elle vivra et elle mourra entièrement innocente du crime dont on l'accuse. Et si c'est la volonté de Dieu que tu sois privé de ta fille, ne demeure pas long-temps, maintenant que tu es vieux, dans cette terre de sang et de cruauté, mais retire-toi à Cordoue, où ton frère vit en sûreté, à l'ombre du trône, même du trône de Boabdil le sarrasin ; car moins affreuses sont les cruautés des Maures envers la race de Jacob, que les cruautés des Nazaréens d'Angleterre. »

Isaac écouta assez tranquillement la lecture que Ben Samuel fit de cette lettre, et ensuite recommença ses exclamations et ses démonstrations de douleur, à la manière orientale, déchirant ses vêtemens, couvrant sa tête de poussière, et s'écriant: « Ma fille! ma fille! chair de ma chair! os de mes os! »

« Et cependant, dit le rabbin, il faut prendre courage, car cette douleur ne remédie à rien. Il s'agit de ceindre tes reins, et d'aller à la recherche de ce Wilfrid, fils de Cedric. Il est possible qu'il t'aide, soit de ses conseils, soit de ses armes, car ce jeune homme est en faveur auprès de Richard surnommé par les Nazaréens Cœur-de-Lion, et la nouvelle de son retour est constante dans le pays. Il peut se faire qu'il en obtienne des lettres scellées de son sceau, défendant à ces hommes de sang, qui déshonorent le Temple d'où dérive leur nom, de donner suite à l'acte qu'ils se proposent d'accomplir. »

« J'irai à sa recherche, dit Isaac, car c'est un brave jeune homme, qui a compassion de l'exilé de Jacob. Mais il ne peut encore se revêtir de son armure, et quel autre chrétien voudra combattre pour l'opprimée de Sion ? »

« Mais, mon frère, dit le rabbin, tu parles comme un homme qui ne connaît point les Gentils; avec de l'or tu achèteras leur valeur, comme avec de l'or tu achètes ta propre sûreté. Aie bon courage, et te mets en route pour trouver ce Wilfrid d'Ivanhoe. Et moi aussi je partirai, j'agirai, car ce serait un grand crime que de te laisser abattre par cette calamité. Je vais me rendre à York, où un grand nombre de guerriers et d'hommes forts sont assemblés, et je ne doute pas que je ne trouve parmi eux quelqu'un qui consente à combattre pour ta fille; car l'or est leur dieu, et pour de l'or ils engageraient leur vie aussi facilement qu'ils engagent leurs terres. Tu ratifieras, tu accompliras sans doute, mon frère, toutes les promesses que je pourrai faire en ton nom.»

«Assurément, mon frère, répondit Isaac: et je bénis le ciel qui m'a envoyé un tel consolateur dans ma misère. Il ne faut pas cependant leur accorder tout de suite la totalité de leurs demandes, car tu trouveras que c'est le propre de cette maudite race de demander des marcs, et ensuite de se contenter de recevoir des onces. Au surplus, fais comme tu jugeras convenable, car ceci me met au désespoir, et à quoi me servirait tout mon or, si l'enfant de mon amour venait à périr?»

«Adieu donc, dit le médecin, et puisse-t-il t'arriver tout ce que ton cœur désire!» Ils s'embrassèrent et partirent chacun par une route différente. Le paysan estropié resta quelque temps à regarder après eux,

«Ces chiens de juifs! dit-il, ne pas plus faire attention à un membre libre d'une corporation, que si j'étais un esclave ou un Israélite circoncis comme eux. Ils auraient bien pu, il me semble, me jeter un ou deux mancus. Rien ne m'obligeait à leur apporter leur maudit griffonnage, et à courir le risque d'être ensorcelé, comme plus d'une personne m'en a averti. Je me soucie bien du morceau d'or que la jeune fille m'a donné, si, lorsque j'irai à confesse, à Pâques prochain, je dois être grondé par le prêtre, et si je suis obligé de lui donner le double pour me réconcilier avec lui, et peut-être encore recevoir le nom de *Messager Boiteux* du juif, par dessus le marché? Je crois réellement que j'ai été ensorcelé par cette fille, pendant que je me tenais près d'elle. Mais c'a toujours été de même; soit juif, soit Gentil, toutes les fois qu'il y avait une commission à faire, personne ne pouvait rester en place; et, ma foi! moi-même, quand j'y pense, je donnerais outils, boutique, tout, pour lui sauver la vie.»

CHAPITRE XXXIX.

« O jeune fille! tout impitoyable que soit ton cœur,
« le mien ne le cède pas au tien pour la fierté. »
Seward.

Vers la fin du jour où le jugement, si on peut l'appeler ainsi, avait eu lieu, on frappa doucement à la porte de la chambre qui servait de prison à Rébecca. Ce bruit ne dérangea nullement la captive, qui, dans ce moment, récitait la prière du soir prescrite par sa religion, et qu'elle termina en chantant l'hymne suivant :

> Quand Israël, peuple chéri de Dieu,
> S'en retournait du pays d'esclavage,
> L'astre sauveur marchait devant l'Hébreu ;
> Guide imposant, et qui sur ce rivage
> S'environna d'un nuage de feu.
> Durant le jour la colonne enflammée
> Avec lenteur, sur les peuples surpris,
> Suivait son cours voilé par la fumée,
> Tandis qu'au loin les sables d'Idumée
> Gardaient l'éclat de ses rayons chéris.

> Les hymnes saints s'élevaient dans les nues,
> Au son bruyant des clairons et des cors ;
> Et de Sion les vierges ingénues,
> Aux chants guerriers unissaient leurs accords.
> Nos ennemis dédaignent les prodiges ;
> Israël voit mourir ses faibles tiges ;
> En refusant de suivre tes sentiers,
> Nos fiers aïeux ont payé leurs prestiges,
> Et de leurs maux tu nous rends héritiers.

CHAPITRE XXXIX.

Bien que présent, tu restes invisible.
Quand brilleront de plus fortunés jours,
Que ta mémoire offre un voile sensible,
Contre des feux qui nous trompent toujours;
Et quand la nuit, de ses noires ténèbres,
Aura couvert nos riantes cités,
Retiens tes coups dans ces momens funèbres,
Et prête-nous tes divines clartés.

A Babylone en silence et captives,
Ont dû gémir nos harpes fugitives :
Tout Israel est en proie aux tyrans.
Sur nos autels plus de feux odorans;
Et nos clairons et nos trompes sommeillent.
Mais ta clémence a dit : qu'ils se réveillent!
Le sang des boucs et la chair des béliers
N'ont aucun prix où mon regard s'attache;
D'humbles pensers, an cœur pur et sans tache,
Me sont plus chers et non moins familiers.

Lorsque le silence eut succédé au chant expressif de la piété de Rébecca, on frappa de nouveau à la porte. « Entre, dit-elle, si tu es un ami : si tu es un ennemi, je n'ai pas les moyens de te refuser l'entrée. » — « Je suis, dit Brian de Bois-Guilbert en entrant dans l'appartement, un ami ou un ennemi, suivant le résultat de cette entrevue. »

Alarmée à la vue de cet homme, dont elle regardait la passion licencieuse comme la cause de ses malheurs, Rébecca, d'un air timide et réservé, quoique animée d'un sentiment de crainte réelle qu'elle ne manifesta point, se retira dans la partie la plus reculée de l'appartement, comme bien déterminée à s'éloigner autant qu'elle le pourrait, mais aussi à défendre son terrain le plus long-temps possible. Elle prit une attitude, non de défi, mais de résolution, comme quelqu'un qui voudrait éviter de provoquer une attaque, mais qui serait bien décidé à repousser de tout son pouvoir celle que l'on tenterait de diriger contre lui.

« Vous n'avez aucun motif de me craindre, Rébecca, dit le templier, ou, s'il faut que je m'exprime avec plus de précision, vous n'avez, du moins en ce moment, aucun motif de me redouter. » — « Je ne vous crains point, dit Rébecca, dont la respiration oppressée semblait démentir l'héroïsme du discours ; ma confiance est ferme et je ne vous crains point. »

« Vous n'en avez pas de sujet, répondit Bois-Guilbert ; vous n'avez pas maintenant à redouter que je renouvelle mes précédentes tentatives dictées par la démence. A quelques pas d'ici sont des gardes sur lesquels je n'ai aucune autorité. Ils sont chargés de vous conduire à la mort, Rébecca, et néanmoins ils ne souffriraient pas que vous fussiez insultée par qui que ce soit, même par moi, si ma démence, car c'est réellement une démence, pouvait me faire oublier à ce point.»

«Que le ciel soit loué! dit la juive; la mort est ce qui m'épouvante le moins dans ce repaire d'iniquité.»—«Sans doute, répliqua le templier, l'idée de la mort n'a rien d'effrayant pour une ame courageuse, lorsqu'elle se présente soudainement et ouvertement. Un coup porté par une lance ou par une épée, pour moi, serait peu de chose. Pour toi, sauter du haut d'une tour, te percer d'un poignard, n'inspire point de terreur; l'infamie, la perte de l'honneur, voilà ce que l'un et l'autre considérerait. Remarque bien, je te parle ainsi, parce que tu penses que mes idées et mes sentimens sur l'honneur sont différens des tiens; mais nous savons l'un et l'autre mourir pour lui.»

«Infortuné! dit la juive, es-tu donc condamné à exposer ta vie pour des principes dont tes propres réflexions et ton propre jugement ne reconnaissent point la solidité ? Certes, c'est se dépouiller d'un trésor en échange d'une chose qui n'est pas du pain. Mais ne juge pas ainsi de moi. Ta résolution peut varier au gré des vagues agitées et inconstantes de l'opinion humaine, la mienne est ancrée sur le rocher des siècles. »

« Silence, jeune fille, répondit le templier, de pareils discours ne servent pas à grand'chose maintenant. Tu es condamnée à mourir, non d'une mort soudaine et douce, telle que le malheur la désire ou que le désespoir se la donne, mais d'une suite continue, lente, affreuse, prolongée, de tortures, organisées pour punir ce que la bigoterie diabolique de ces hommes appelle ton crime. »

« Et à qui, si tel doit être mon destin, dit Rébecca, à qui suis-je redevable de tout cela ? Sûrement c'est à celui-là seul qui, pour un motif personnel et brutal, m'a traînée jusqu'ici, et qui maintenant, pour quelque autre motif secret, mais également personnel, s'efforce d'exagérer le sort épouvantable auquel lui-même m'a exposée.»—«Ne pense pas, dit le templier, que je t'aie exposée comme tu le dis; mon propre sein t'aurait servi de bouclier pour te garantir d'un tel danger, avec autant d'ardeur et d'abnégation que j'en ai mis à te garantir des traits qui sans cela t'auraient ôté la vie.»

«Si ton dessein eût été d'accorder une protection honorable à l'innocence, dit Rébecca, je t'aurais remercié de tes soins; mais comme il en est autrement, malgré tes assertions contraires et souvent répétées, je te déclare que la vie n'est rien pour moi, si je devais la conserver au prix que tu voudrais exiger.»

«Fais trêve à tes reproches, Rébecca, dit le templier; j'ai mes propres motifs de chagrin, et je ne supporterais pas que tu vinsses les aggraver.» — «Quel est donc ton dessein? sire chevalier, dit la juive. Dis-le en peu de mots. Si tu as quelque chose en vue, autre que d'être témoin du malheur dont tu es la cause, parle, et ensuite daigne, je t'en supplie, me laisser à moi-même ; le passage du temps à l'éternité est court, mais il est terrible, et je n'ai que peu de momens pour m'y préparer. »

« Je m'aperçois, Rébecca, dit Bois-Guilbert, que tu continues à faire peser sur moi l'accusation des malheurs que j'aurais vivement désiré de pouvoir prévenir. » — « Sire chevalier, dit Rébecca, je voudrais éviter de faire des reproches ; mais, comment peux-tu nier que je dois ma mort à ta passion effrénée ? »

« C'est une erreur, c'est une erreur, s'écria précipitamment le templier ; vous vous trompez si vous imputez à mes desseins ou à mes actions des circonstances que je ne pouvais ni prévoir ni empêcher. Pouvais-je deviner l'arrivée inattendue de ce vieil imbécille, que quelques éclairs de bravoure, et les louanges données aux stupides austérités d'un ascétique, ont élevé pour le moment à un rang bien au dessus de son mérite, au dessus du sens commun, au dessus de moi, au dessus de plusieurs centaines de chevaliers de notre ordre qui pensent et qui sentent comme des hommes exempts des sots et ridicules préjugés qui forment la base de ses opinions et de ses actions ?»

« Et cependant, dit Rébecca, vous avez siégé comme mon juge, tout innocente, parfaitement innocente que j'étais, et que vous saviez que j'étais ; vous avez participé à ma condamnation ; bien plus, si je l'ai nettement compris, vous devez vous-même comparaître, en armes, pour soutenir l'accusation et assurer l'exécution de la sentence. »

« Patience, jeune fille, répliqua le templier, patience, je t'en supplie ; il n'est pas de race qui sache aussi bien que la tienne céder à l'orage et gouverner sa barque de manière à tirer parti, même d'un vent contraire. »

« Déplorable, à jamais lamentable, dit Rébecca, l'heure à laquelle la maison d'Israël a été forcée d'avoir recours à cet art ! Mais l'adversité courbe le cœur, comme le feu courbe l'acier indocile ; et ceux qui ne se gouvernent plus par leurs propres lois, et qui ne sont plus habitans de leur état libre et indépendant, doivent se courber et

10.

s'humilier devant les étrangers. C'est une malédiction prononcée contre nous, sire chevalier, méritée sans doute en expiation de nos fautes et de celles de nos pères; mais vous, vous qui vous vantez de votre liberté comme d'un droit qui vous appartient dès votre naissance, combien n'est-il pas plus honteux pour vous de vous abaisser jusqu'à flatter et caresser les préjugés des autres, même en dépit de votre propre conviction ? »

« Vos paroles sont amères, Rébecca, dit Bois-Guilbert en parcourant l'appartement avec un air d'impatience; mais je ne suis point venu pour faire assaut de reproches avec toi. Je veux que tu saches que Bois-Guilbert ne cède à homme quelconque, quoique les circonstances puissent l'engager pour un temps à apporter quelque changement à ses projets ; sa volonté est comme le fleuve qui descend de la montagne, dont le cours peut bien être détourné pour quelques instans par un rocher, mais qui bientôt reprend sa direction vers l'océan. Ce billet qui t'a conseillé de réclamer le privilége d'un champion, de qui as-tu pu penser qu'il venait, si ce n'est de Bois-Guilbert? A quel autre individu as-tu pu inspirer de l'intérêt?»

« Répit bien court d'une mort instantanée, répliqua Rébecca, et qui me sera de bien peu d'utilité. Est-ce là tout ce que tu as pu faire pour une infortunée, sur la tête de qui tu as accumulé les chagrins, et que tu as conduite jusqu'au bord du tombeau?»

«Non, jeune fille, répondit Bois-Guilbert, ce n'est pas là tout ce que je m'étais proposé; sans la maudite intervention de ce vieux fanatique et de cet imbécille Goodalrick, lequel, bien que templier, affecte néanmoins de penser et de juger conformément aux lois ordinaires de l'humanité, l'office de champion défenseur était dévolu, non à un précepteur, mais à un compagnon de l'ordre. Alors moi-même, tel était mon projet au premier son de la trompette, je me serais présenté dans la lice comme ton champion, à la vérité sous le déguisement d'un chevalier errant qui va à la recherche des aventures, afin de prouver la bonté de son bouclier et de sa lance; et puis, que Beaumanoir eût choisi, non pas un, mais deux, trois des frères qui se trouvent maintenant ici, je n'avais pas le moindre doute que je ne leur eusse fait vider les étriers avec ma simple lance. C'est ainsi, Rébecca, que ton innocence aurait été prouvée, et je m'en serais remis à ta reconnaissance pour la récompense que tu m'aurais accordée comme vainqueur. »

« Tout ceci, sire chevalier, dit Rébecca, n'est que pure vanterie, une manière de vous faire un mérite de ce que vous auriez fait, si vous n'aviez pas trouvé convenable de faire autrement. Vous avez accepté mon gant; et mon champion, si une créature aussi abandonnée, aussi délaissée peut en trouver un, doit s'exposer aux coups de votre lance dans la lice; et vous voudriez, après cela, vous donner avec moi l'air d'un ami et d'un protecteur!»

«Votre ami et votre protecteur! dit gravement le templier: eh bien, je veux encore l'être; mais remarquez bien à quel risque, ou plutôt avec quelle certitude de déshonneur; et ensuite ne me blâmez pas si je stipule mes conditions avant d'exposer tout ce que j'aie eu jamais de plus cher jusqu'ici, pour sauver la vie à une jeune fille juive.»

«Parle, dit Rébecca, je ne te comprends point.» — « Eh bien! dit Bois-Guilbert, je vais te parler avec autant de franchise que jamais bigot pénitent a parlé à son père spirituel, au tribunal de la pénitence. Rébecca, si je ne comparais point dans la lice, je perds mon rang et ma réputation; je perds ce qui m'est plus cher que l'air que je respire, je veux dire l'estime dont mes frères m'honorent, et l'espoir que j'ai d'être un jour investi de cette suprême autorité, dont jouit aujourd'hui ce bigot barbon, Lucas de Beaumanoir. Voilà le sort inévitable qui m'attend, si je ne comparais point contre toi. Que maudit soit ce Goodalrick qui m'a dressé un pareil piége! et doublement maudit Albert Malvoisin, qui m'a détourné de la résolution que j'avais prise de jeter ton gant à la figure de ce fanatique vieillard, qui avait écouté une accusation aussi absurde, et contre une créature aussi noble et aussi aimable que tu l'es!»

«Mais à quoi sert maintenant tout ce jargon emphatique de flatterie? dit Rébecca; tu as déclaré ton choix entre faire répandre le sang d'une femme innocente, et conserver ton rang et tes espérances temporelles. A quoi sert de discuter ? ton choix est fait. »

« Non, Rébecca, dit le chevalier d'un ton plus doux et en se rapprochant d'elle, mon choix n'est point fixé; je dis plus, écoute-moi bien, c'est à toi à le faire. Si je parais dans la lice, il faut que je soutienne ma renommée comme guerrier, et si je fais cela, que tu aies un champion ou non, tu meurs par le poteau et le fagot, car il n'existe pas un chevalier qui ait combattu contre moi à égalité, encore moins à supériorité de résultat, excepté Richard Cœur-de-Lion et son favori Ivanhoe. Ivanhoe, tu le sais fort bien, n'est pas en état de vêtir son corselet, et Richard est prisonnier en pays étranger. Ainsi donc, si je me présente dans la lice, tu meurs, quand bien même tes charmes engageraient quelque jeune écervelé à entrer en lice pour ta défense. »

« Mais à quoi bon me répéter cela si souvent? » demanda Rébecca. — « Il le faut, répondit le templier, parce qu'il est essentiel que tu envisages ton destin sous tous les rapports. »—«Eh bien! dit Rébecca, tourne la tapisserie et fais-moi voir l'autre côté. »

« Si je me présente dans la lice, dit Bois-Guilbert, tu meurs d'une mort lente et cruelle, accompagnée de tourmens égaux à ceux que l'on dit être destinés aux coupables dans l'autre vie. Mais, si je ne me présente point, je suis un chevalier dégradé et déshonoré, accusé de sorcellerie et de communiquer avec les infidèles ; le nom illustre que je porte, et que j'ai rendu encore plus illustre par mes exploits, devient une dénomination de mépris et de reproche ; je perds la réputation ; je perds l'honneur ; je perds la perspective d'une grandeur à laquelle les empereurs même auraient peine à s'élever ; je sacrifie mes projets d'ambition ; je détruis les plans que j'avais construits aussi haut que les montagnes, par le moyen desquelles les païens disent que leur ciel faillit être escaladé... Eh bien, Rébecca! ajouta-t-il en se jetant à ses pieds, cette grandeur, je la sacrifie; cette renommée, j'y renonce; ce pouvoir, je ne l'ambitionne plus, même en ce moment où je suis près de m'en saisir, si tu veux dire : Bois-Guilbert, je t'accepte pour mon amant.»

«Laissons là toutes ces folies, sire chevalier, répondit Rébecca, et hâtez-vous d'aller trouver le régent, le prince Jean; par honneur pour la couronne, on ne peut tolérer les procédés de votre grand-maître. C'est ainsi que vous me ferez jouir de votre protection, sans sacrifice de votre part, et sans présent, pour demander une récompense de la mienne.»

«Je n'ai point de rapports avec ces personnages, dit Bois-Guilbert tenant le bord de sa robe. C'est à toi seule que je m'adresse; et qu'est-ce qui peut contrarier ton choix? Pense-s-y bien; fussé-je un démon, le trépas est pire, et c'est le trépas que j'ai pour rival.»

«Je ne discute point sur la mesure de ces maux,» dit Rébecca qui craignait de provoquer le chevalier dont elle connaissait le caractère, mais qui était également déterminée à ne pas souffrir la passion ni

CHAPITRE XXXIX.

même faire semblant de la souffrir.» Sois homme, sois chrétien. S'il est vrai que ta croyance vous recommande à tous cette charité que vous prêchez plus que vous ne pratiquez, sauve-moi de cette mort affreuse, sans stipuler une récompense qui transformerait ta magnanimité en vil trafic, en pure opération mercantile.»

«Non, dit le bouillant templier en se relevant, non, jeune fille, tu ne m'en imposeras pas ainsi. Si je renonce à ma renommée présente et à mes vues ambitieuses pour l'avenir, c'est pour toi que j'y renonce, et c'est ensemble que nous devons fuir. Écoute-moi, Rébecca, dit-il en prenant de nouveau un ton de douceur, l'Angleterre, l'Europe, tout cela ne compose pas l'univers. Il y a d'autres sphères dans lesquelles on peut se mouvoir, et assez vastes, même pour mon ambition. Nous irons en Palestine. Conrad de Montferrat[1] est mon ami, un véritable ami, tout aussi exempt que moi de ces vains et sots scrupules qui tiennent la raison captive ; plutôt faire ligue avec Saladin qu'endurer les dédains

[1] Le texte porte Montserrat. A. M.

des bigots que nous méprisons. Je me fraierai de nouveaux sentiers pour m'élever au faîte des honneurs, ajouta-t-il en marchant de nouveau à grands pas dans l'appartement. L'Europe entendra le bruit des pas de celui qu'elle a retranché du nombre de ses enfans. Les millions d'hommes que ces croisés envoient pour ainsi dire à la boucherie en Palestine, ne peuvent la défendre aussi efficacement ; les sabres des nombreux milliers de Sarrasins ne sauraient s'ouvrir une route aussi certaine dans cette terre pour la conquête de laquelle on voit des nations entières prendre les armes, que la force, la valeur et la discipline de moi et de ceux de nos frères qui, en dépit de ce vieux bigot, s'attacheront à moi, advienne ce qu'il pourra. Tu seras reine, Rébecca ; c'est sur le mont Carmel que nous établirons le trône que ma valeur aura conquis, et le bâton après lequel j'ai si long-temps soupiré, je l'échangerai contre un sceptre. »

« Tout cela, dit Rébecca, n'est qu'un rêve, un vain songe, une vision de la nuit ; mais, fût-ce même une réalité, rien de tout cela ne me touche. Il me suffit de te dire que toute cette haute puissance à laquelle tu te proposes de t'élever, je ne veux point la partager avec toi. D'ailleurs je ne regarde pas avec assez d'indifférence tous les liens qui nous attachent à notre patrie et à notre foi religieuse pour accorder mon estime à celui qui, après avoir brisé ceux qui devaient le retenir dans le sein d'un ordre dont il fait partie, ne craint point d'y renoncer uniquement dans la vue de satisfaire sa passion désordonnée pour la fille d'un autre peuple. Ne mets point de prix à la liberté que tu veux me procurer, sire chevalier; ne vends point un acte de générosité; protége l'opprimée par esprit de charité et non pour ton avantage personnel. Va te mettre au pied du trône d'Angleterre; Richard écoutera mon appel de la sentence de ces hommes cruels. »

« Jamais, Rébecca ! dit fièrement le templier. Si je dois renoncer à mon ordre, c'est pour toi seule que j'y renoncerai. Si tu rejettes mon amour, l'ambition me restera; il ne faut pas que je perde de tous les côtés. Moi ! abaisser mon cimier devant

Richard! Solliciter un don de ce cœur altier et orgueilleux! Jamais, Rébecca; jamais je ne placerai à ses pieds l'ordre du Temple en ma personne. Je puis renoncer à mon ordre; mais le dégrader, mais l'avilir, non, jamais!»

«Que Dieu, dans sa bonté, daigne me soutenir, dit Rébecca, car je n'ai guère de secours à espérer de la part des hommes. »
—«C'est la vérité, dit Bois-Guilbert, car toute fière que tu es, ma fierté est égale à la tienne. Si j'entre dans la lice, la lance en arrêt, il n'est pas de considération humaine qui puisse m'empêcher de faire usage de toute la force de mon bras, et alors pense au sort qui t'attend. Périr de la mort des plus grands criminels; être consumée au milieu des flammes d'un bûcher; savoir que tes cendres seront dispersées à travers les élémens dont nos corps sont mystiquement composés; pas un atome ne restera de cette organisation, toute gracieuse que nous puissions la représenter dans son éclat de mouvement et de vie, Rébecca, il n'est pas au pouvoir de la femme de s'arrêter à une pareille idée; tu céderas à

mes instances; tu écouteras mon amour.»

«Bois-Guilbert, répondit la juive, tu ne connais pas le cœur de la femme, ou tu n'as jamais conversé qu'avec celles qui avaient perdu leurs plus nobles sentimens. Je te dis, fier templier, que jamais, dans tes batailles les plus sanglantes, tu n'as fait preuve d'un courage comparable à celui qu'a déployé la femme, quand il était commandé par l'affection ou le devoir. Moi-même, je suis une femme élevée avec tous les soins de la tendresse, naturellement timide dans le danger, et impatiente dans la douleur; et cependant, lorsque nous entrerons l'un et l'autre dans la lice, toi pour combattre, et moi pour souffrir, je sens au dedans de moi l'assurance que mon courage surpassera le tien. Adieu; je n'ai plus de paroles à perdre avec toi. Le peu de temps qui reste à la fille de Jacob à passer sur la terre doit être employé différemment. Elle doit chercher le consolateur, qui peut bien détourner les yeux de dessus son peuple, mais dont l'oreille est toujours ouverte au cri de celui qui le cherche avec ferveur et vérité.»

«C'est donc ainsi que nous nous séparons? dit le templier après quelques momens de silence; plût à Dieu que nous ne nous fussions jamais rencontrés, ou que tu fusses née noble et chrétienne! Oui, lorsque je te regarde, et que je pense quand et comment nous nous rencontrerons de nouveau, je voudrais pouvoir être membre de ta race dégradée, ma main comptant des shekels et transportant des lingots, au lieu de porter la lance et le bouclier, courbant la tête devant le dernier des nobles, et ne prenant un air terrible que pour le débiteur pauvre et insolvable; voilà, Rébecca, ce que je désirerais et à quoi je consentirais, pour passer ma vie avec lui, et pour éviter la part épouvantable que je dois avoir à ta mort.»

«Tu as dépeint le juif, dit Rébecca, tel que l'a rendu la persécution de ceux qui te ressemblent. Le ciel dans sa colère l'a chassé de son pays; mais l'industrie lui a ouvert le seul chemin à l'opulence et au pouvoir que l'oppression n'a pu lui fermer. Lis l'histoire du peuple de Dieu, et dis-moi si ceux par qui Jéhovah a opéré tant de merveilles parmi les nations étaient alors un peuple d'avares et d'usuriers. Sache aussi, orgueilleux chevalier, que nous comptons parmi nous des noms auprès desquels votre noblesse la plus ancienne n'est que comme la citrouille comparée au cèdre; des noms qui remontent à ces temps reculés où la divine présence faisait trembler le propitiatoire entre les chérubins, et qui ne tirent leur splendeur d'aucun prince de la terre, mais de la voix céleste qui ordonna à leurs pères de s'approcher le plus de la congrégation de la vision. Tels furent les princes de la maison de Jacob.»

Les joues de Rébecca se coloraient pendant qu'elle se vantait ainsi de l'ancienne gloire de ses ancêtres; mais ces couleurs s'évanouirent en soupirant: tels étaient les princes d'Israël; mais à présent, tels ils ne sont plus; ils sont foulés aux pieds comme l'herbe fauchée et mêlée à la boue des grands chemins. Cependant il s'en trouve encore parmi eux qui ne démentent pas leur antique origine, et tu verras que la fille d'Isaac, fils d'Adonikam, est de ce nombre. Adieu ; je n'envie ni tes honneurs achetés par des flots de sang, ni les barbares ancêtres venus des landes boréales, ni ta foi, qui est toujours dans ta bouche, et jamais dans ton cœur ou dans tes actions. »

«De par le ciel, un sort est jeté sur moi, s'écria le templier; je suis porté à croire que ce squelette vivant, notre grand-maître, a dit la vérité, et le regret avec lequel je me sépare de toi a quelque chose de surnaturel. Créature enchanteresse ! ajouta-t-il en s'approchant plus près d'elle, mais d'un air respectueux ; si jeune et si belle, si affranchie des craintes de la mort, et pourtant condamnée à mourir de la manière la plus cruelle et la plus ignominieuse : qui pourrait ne pas pleurer sur ton sort déplorable ? Les larmes, qui depuis vingt ans étaient inconnues à mes yeux, les remplissent aujourd'ui pour toi, et je les sens couler sur mes joues en te considérant. C'en est donc fait, rien ne peut maintenant te sauver. Toi et moi nous ne sommes que les aveugles instrumens d'une fatalité irrésistible qui nous poursuit, comme deux vaisseaux poussés devant l'orage, luttant l'un contre l'autre pour s'abîmer ensemble et périr dans les flots. Pardonne-moi donc, et séparons-nous du moins en amis. J'ai vainement essayé d'ébranler ta résolution, et la mienne est également fixée comme les arrêts immuables du destin. »

« C'est ainsi, dit Rébecca, que les hommes rejettent sur le destin les suites de leurs violentes passions. Mais je vous pardonne, Bois-Guilbert, quoique vous soyez la cause de ma mort si prématurée. Il y a de grandes choses dont votre esprit était capable ; mais c'est le jardin du paresseux, et l'ivraie s'y est mise pour étouffer la bonne semence. »

« Oui, Rébecca, dit le templier, je suis fier, indomptable ; mais c'est ce qui m'a élevé au dessus des esprits vulgaires, des bigots et des lâches qui m'entourent. Je fus dès ma première jeunesse un enfant de la guerre, audacieux dans mes vues, ferme et invariable dans leur exécution : tel je serai toujours; impérieux, inébranlable et que rien ne pourrait faire dévier de ma route. L'univers en aura la preuve, mais tu m'as pardonné, n'est-ce pas, Rébecca? »—« Aussi librement que jamais victime pardonna à son bourreau.» — «Adieu donc, dit le templier,» et il quitta l'appartement.

Le commandeur Albert de Malvoisin attendait avec impatience dans une chambre contiguë le retour de Bois-Guilbert. — «Tu as tardé bien long-temps, lui dit-il; j'étais comme étendu sur des charbons ardens, par le désir que j'éprouvais de te revoir. Que serait-il arrivé si le grand-maître, ou Conrad son espion, fussent venus ici? j'aurais payé cher ma complaisance. Mais qu'as-tu donc, frère? tes pas sont chancelans, ton front est aussi sombre que la nuit¹. Qu'as-tu donc, Bois-Guilbert?» — «Je suis, répondit le templier, dans le même état qu'un misérable condamné à mourir avant une heure. Non, par la sainte hostie, je suis encore plus mal, car il y en a qui dans une situation pareille quittent la vie aussi facilement qu'un vieil habit. Par le ciel, Malvoisin, cette jeune fille m'a désarmé et a détruit ma résolution. Je suis presque résolu d'aller trouver le grand-maître, et de

¹ *Thy brow is as black asnight*: image vraiment ossianique remplacée par cette idée commune : « ton front paraît chargé de noirs soucis, » dans la version de M. Defauconpret. A. M.

CHAPITRE XXXIX.

lui déclarer que j'abjure l'ordre à sa barbe, et refuse de jouer le rôle cruel que sa tyrannie m'a imposé.»

«Tu es fou, répondit Malvoisin, c'est vouloir te ruiner sans pour cela conserver une seule chance de sauver cette juive qui te paraît si chère. Beaumanoir nommera un autre champion pour soutenir son jugement à ta place; et l'accusée ne périra pas moins que si tu eusses rempli le triste devoir qu'il t'impose.»—«Cela est faux, répliqua Bois-Guilbert, je prendrai moi-même les armes pour la défendre; et si je le fais, Malvoisin, je pense que tu ne connais pas un seul des chevaliers de notre ordre qui veuille se tenir sur la selle devant la pointe de ma lance.»

«Soit; mais tu oublies que tu n'auras ni le loisir, ni les moyens d'exécuter ce projet insensé. Va trouver Lucas de Beaumanoir, dis-lui que tu as renoncé à ton vœu d'obéissance, et tu verras combien de temps le vieux despote te laissera libre de ta personne. Tes paroles se seront à peine échappées de tes lèvres, que tu seras jeté à cent pieds sous terre, dans les cachots de la préceptorerie, pour subir un jugement comme chevalier félon ; ou s'il continue à croire que tu es ensorcelé, tu n'auras plus pour lit que de la paille, du pain et de l'eau pour aliment, les ténèbres pour clarté, et des chaînes pour jouets dans quelque cellule de couvent, isolé, étourdi par les exorcismes, et noyé d'eau bénite pour chasser l'ennemi qui se sera emparé de toi. Il faut te présenter dans la lice, ou tu es un homme perdu et déshonoré. »

«Je fuirai, dit Bois-Guilbert, j'irai dans une contrée lointaine, où la folie et le fanatisme n'ont pas encore pénétré ; aucune goutte du sang de cette créature angélique ne se ra répandu de mon consentement. » — «Tu ne saurais fuir, lui dit le précepteur, ton délire a excité le soupçon, et l'on ne te permettra point de sortir de la commanderie. Essaie si tu veux ; présente-toi à la porte et tu verras comment les sentinelles t'y recevront. Tu es surpris et blessé de pareilles précautions ; mais si tu fuyais tu encourrais le déshonneur de ta race et ta propre dégradation, en même temps que tes exploits se trouveraient comme effacés du souvenir. Songe à cela. En quel lieu iront-ils cacher leurs têtes, ces compagnons d'armes qui te sont si dévoués, quand Bois-Guilbert, la meilleure lame de l'ordre, sera proclamé renégat et félon devant le peuple assemblé? Quel deuil pour la cour de France, quelle joie pour l'orgueilleux Richard, quand il apprendra que le chevalier qui sut lui tenir tête en Palestine, et dont la renommée éclipsa la sienne propre, a perdu toute sa gloire et son honneur pour le seul amour d'une juive qu'il n'a pu même sauver par un tel sacrifice!»

«Malvoisin, dit le chevalier, je te remercie; tu as touché la corde la plus sensible de mon cœur. Quoi qu'il arrive, jamais le titre de félon ne sera ajouté au nom de Bois-Guilbert. Plût à Dieu que Richard lui-même ou quelqu'un de ses favoris d'Angleterre, parût dans l'arène! Mais ils seront absens, aucun ne risquera de rompre une lance pour une fille innocente et persécutée.»—«Tant mieux pour toi, si cela est, dit le précepteur; si aucun champion ne se présente pour la défense de cette jeune infortunée, tu auras été étranger au sort fatal de Rébecca, tout le blâme retombera sur le grand-maître qui néanmoins s'en fera gloire.»

«Tu dis vrai, répondit Bois-Guilbert; si aucun champion ne paraît, je n'aurai rien à me reprocher, et je ne serai que témoin du spectacle, monté sur mon palefroi et couvert de mes armes au milieu de la lice; je ne prendrai aucune part à ce qui doit en résulter.»—«Pas la moindre, dit Malvoisin, pas plus que la bannière de saint-Georges, quand on la porte dans une procession.»—«Eh bien, ma résolution est prise. La juive m'a rebuté, méprisé, accablé de reproches; pourquoi lui sacrifierais-je l'estime que j'ai acquise de mes semblables? Oui, Malvoisin, je viendrai dans l'arène.»

A ces mots il sortit en hâte de l'appartement, et le précepteur le suivit pour le surveiller, et le confirmer dans son dessein; car il portait le plus vif intérêt à la réputation de Bois-Guilbert, espérant de grands avantages dans le cas où celui-ci deviendrait quelque jour grand-maître de l'ordre; ce qui lui permettrait alors de monter à un des premiers rangs. Il avait encore un motif bien puissant pour agir de la sorte, vu les promesses que lui avait prodiguées Conrad de Mont-Fichet, s'il contribuait à la condamnation de l'infortunée Israélite. Cependant, quoique, en combattant les sentimens de compassion de son ami, il eût sur lui tout l'avantage qu'une disposition vile, astucieuse et égoïste donne sur un homme agité par des passions violentes et opposées, il eut besoin d'employer toute sa ruse pour maintenir Bois-Guilbert dans la résolution qu'il lui avait fait adopter. Il fut contraint de le surveiller de très près, pour l'empêcher de reprendre ses projets de fuite, ou pour faire avorter son dessein de revoir le grand-maître, et d'en venir à une rupture ouverte avec son chef suprême. Enfin, il dut lui répéter fréquemment les mêmes argumens par lesquels il s'était efforcé de lui prouver qu'en paraissant dans la lice comme champion, en une telle circonstance, lui, Bois-Guilbert, sans hâter ni retarder le sort de Rébecca, suivrait uniquement la voie par laquelle il saurait mettre à couvert en même temps son honneur et sa renommée.

~~~~~~

CHAPITRE XL.

« Spectres, loin d'ici ! voilà Richard lui-même. »
SHAKSPEARE. *Richard III.*

Lorsque le chevalier noir, car il est nécessaire de reprendre le cours de ses aventures, eut quitté le grand arbre qui avait servi de lieu de rendez-vous au brave Locksley, il se rendit en droite ligne à une maison religieuse du voisinage, peu vaste et peu riche, nommée le prieuré de Saint-Botolph, où Ivanhoe blessé avait été conduit après la prise du château, par les soins du fidèle Gurth et du magnanime Wamba. Il est inutile à présent de mentionner ce qui arriva dans l'intervalle, entre Wilfrid et son libérateur : il suffit de dire qu'après une longue et sérieuse conférence, des messages furent envoyés par le prieur dans plusieurs directions, et que, le lendemain matin, le chevalier noir se disposa à continuer son voyage, accompagné de Wamba qui lui servait de guide.

«Nous nous retrouverons à Coningsburgh, dit-il à Ivanhoe, puisque c'est là que ton père Cedric doit célébrer les funérailles de son noble parent. Je voudrais voir vos amis saxons, cher Wilfrid, et me lier avec eux; tu m'y joindras, et je me charge de te réconcilier avec ton père.» A ces mots il reçut un affectueux adieu d'Ivanhoe, qui lui exprima le plus vif désir d'accompagner son libérateur; mais le chevalier noir n'y voulut pas consentir. «Demeure ici aujourd'hui, tu auras à peine assez de force pour voyager demain; je ne veux d'autre guide que l'honnête Wamba, qui jouera près de moi le rôle de moine ou celui de fou, selon l'humeur où je me trouverai.»

«Et moi, dit Wamba, je vous suivrai très volontiers; je désire vivement assister au banquet des funérailles d'Athelstane; car, s'il n'est pas splendide et nombreux, le défunt sortira du tombeau pour venir se prendre de querelle avec le cuisinier, son intendant et l'échanson : ce serait, vous l'avouerez, un spectacle assez amusant. Toutefois, sire chevalier, je prie votre valeur de m'excuser, et je compte sur elle pour faire ma paix avec Cedric, si mon esprit vient à faillir.»

«Et que pourrait ma faible valeur, mon cher bouffon, si ton esprit venait à échouer? apprends-moi cela.»—«L'esprit, noble chevalier, répliqua le bouffon, peut faire beaucoup; c'est un fripon vif et intelligent qui voit le côté faible de son voisin, qui en profite et se tient à l'écart si l'orage des passions vient à gronder trop haut; mais le courage est un compagnon vigoureux qui brise tout : il rame à la fois contre vent et marée, et poursuit son chemin malgré tous les obstacles. Et moi, bon chevalier, si je prends soin du tempérament de notre noble maître dans le beau temps, j'espère que vous vous en chargerez durant la tempête.»

« Sire chevalier du cadenas, puisque tel est votre plaisir de vous faire donner ce nom, dit Ivanhoe, je crains que vous n'ayez pris pour guide un fou bien bavard et bien importun; mais il connaît tous les sentiers de nos bois aussi bien que le meilleur des gardes qui les fréquentent; et le pauvre diable, comme vous l'avez pu voir, est aussi fidèle que l'acier qui ne rompt point.» — «S'il a le don de montrer le chemin, dit le chevalier, je ne serai point fâché qu'il le rende agréable. Adieu, mon cher Wilfrid, je te recommande de ne pas songer à te mettre en voyage avant demain.»

Parlant ainsi, il présenta sa main à Ivanhoe, qui la pressa contre ses lèvres; et prenant congé du prieur, il monta à cheval et partit avec son guide Wamba. Ivanhoe les suivit des yeux, jusqu'à ce que les arbres de la forêt les eussent dérobés à ses regards, et il retourna au couvent. Mais peu d'instans après Wilfrid demanda à voir le prieur. Le vieillard vint en hâte, et s'informa avec inquiétude de l'état des blessures du chevalier.

«Je me trouve mieux, dit ce dernier, que je ne l'espérais; ma blessure est moins profonde que je ne l'avais cru d'abord, d'après la faiblesse où m'avait mis la perte de mon sang : peut-être que le baume employé pour la guérir a été efficace. Je me sens presque assez fort déjà pour porter une armure, et je suis tellement bien, que mes pensées me poussent à ne plus rester dans l'oisiveté plus longtemps.»—«A Dieu ne plaise, dit le prieur, que le fils de Cedric s'en aille de mon couvent avant que ses blessures ne soient cicatrisées! Ce serait une honte pour la communauté si je le souffrais.»—«Je ne songerais point à quitter votre demeure hospitalière, vénérable prieur, si je ne me sentais point capable de supporter la fatigue du voyage, et si je n'étais pas forcé de l'entreprendre.»—«Et qui donc peut vous obliger à un si prompt départ?» dit le prieur. — «N'avez-vous donc jamais, mon digne père, lui répondit le chevalier, ressenti de fâcheux pronostics auxquels il vous était impossible d'assigner aucune cause? N'avez-vous jamais trouvé votre esprit tout obscurci par des nuages, comme les paysages fantastiques qui apparaissent tout à coup dans les airs sous les feux du soleil, et qui annoncent la tempête? Croyez-vous que de semblables pressentimens soient indignes de notre attention, et ne soient pas comme des inspirations de nos anges gardiens, qui nous avertissent de quelques dangers imprévus?

«Je ne saurais nier, dit le prieur en faisant un signe de croix, que le ciel n'ait ce pouvoir, et que de pareilles choses n'aient existé; mais alors de telles inspirations avaient un but visible et utile. Mais toi, blessé comme tu l'es, à quoi te servirait de suivre les pas de celui que tu ne peux aider, s'il était attaqué?»—«Prieur, dit Ivanhoe, vous vous trompez. Je me sens assez fort pour échanger un coup de lance contre quiconque voudrait me défier. Mais ne peut-il courir aucun autre péril où je pourrais le secourir autrement que par les armes? Il n'est que trop vrai que les Saxons n'aiment point la race normande. Et qui sait ce qui peut arriver s'il se présente au milieu d'eux, dans un moment où leurs cœurs sont irrités de la mort d'Athelstane, et où leurs têtes seront échauffées par les orgies du banquet funéraire? Je regarde cette apparition parmi eux comme très périlleuse, et je suis résolu de partager ou de prévenir le danger auquel il s'expose. Je te prie donc de me laisser partir sur un palefroi dont le pas soit plus doux que celui de mon destrier.»

« Assurément, dit le vénérable ecclésiastique, vous aurez ma propre haquenée; elle est accoutumée à l'amble, et son allure est aussi favorable au voyageur que la jument de l'abbé de Saint-Alban. Vous ne pourriez trouver une monture plus commode que Malkin, nom sous lequel je désigne ma bête, quand même vous prendriez le poulain du jongleur qui danse à travers les œufs sans en briser aucun. Je la dois au prieur de Saint-Bees, et je vous promets que c'est un animal rempli d'intelligence, et qui ne souffrirait pas un fardeau incommode. J'empruntai un jour le *Fructus temporum* de l'abbé de Saint-Bees, et, je vous l'assure, elle ne voulut point franchir la porte du couvent que je n'eusse échangé l'énorme in-folio contre mon bréviaire.» — « Fiez-vous à moi, mon père, dit Ivanhoe, je ne l'accablerai point d'un trop lourd fardeau, et si Malkin me provoque au combat, je vous certifie que j'en saurai triompher.»

Gurth arriva dans ce moment, et attacha aux talons du chevalier une paire de grands éperons dorés propres à convaincre le cheval le plus rétif que le meilleur parti à prendre est de se conformer aux volontés du cavalier. Cette vue inspira des craintes au prieur pour sa chère monture, et il commença à se repentir intérieurement de sa courtoisie. « J'ai oublié, dit-il, de vous prévenir, sire chevalier, que ma mule se cabre au premier coup d'éperon. Il vaudrait mieux que vous prissiez dans la grange la mule de notre pourvoyeur. Je puis l'envoyer chercher, et elle sera prête en moins d'une heure. Elle ne saurait être que fort douce, ayant fait récemment toute notre provision de bois pour l'hiver, et ne recevant jamais un grain d'avoine. » — « Je vous remercie, révérend père, mais je m'en tiendrai à votre première offre, puisque déja votre Malkin est sortie et a franchi la porte principale. Gurth portera mon armure, et pour le reste, soyez bien sûr que le dos de Malkin ne sera point chargé, et qu'elle n'aura aucune raison à alléguer pour lasser ma patience. Maintenant recevez mes adieux.»

Ivanhoe descendit l'escalier plus vite et plus aisément que sa blessure ne l'eût fait espérer, et il sauta lestement sur la mule, joyeux d'échapper à l'importunité du prieur qui le suivait aussi vite que son âge et son embonpoint le permettaient, tantôt chantant la louange de Malkin, tantôt recommandant au chevalier de ne la point trop fatiguer. «Elle est dans l'âge le plus dangereux pour les jumens comme pour les filles, dit le prieur en riant lui-même du bon mot; elle est dans sa quinzième année.»

Ivanhoe qui songeait à toute autre chose qu'aux importans avis et aux facéties du prieur, et qui ne voulait pas entendre davantage ces réflexions bizarres sur la mule, le poids qu'elle devait porter et le pas qu'elle devait tenir, donna sur-le-champ à Malkin le signal du départ, au moyen d'un coup d'éperon au flanc, et il prescrivit à Gurth de le suivre. Pendant qu'à travers la forêt il suivait le chemin de Coningsburgh, en allant à la trace du chevalier noir, le prieur se tenant à la porte du couvent l'accompagnait des yeux, et criait:

«Sainte Marie! comme ils sont vifs et impétueux ces hommes de guerre! je voudrais bien ne lui avoir pas confié Malkin; car, perclus comme je le suis, par un rhumatisme, que deviendrai-je s'il lui arrive malheur? Et, cependant, ajouta-t-il après une seconde réflexion, comme je n'épargnerais pas mes vieux membres ni mon sang pour la bonne cause de la vieille Angleterre, Malkin doit aussi courir le même hasard, et il peut arriver qu'ils jugent notre pauvre couvent digne de quelque magnifique donation; du moins qu'ils envoient au vieux prieur un jeune cheval habitué au pas. S'ils ne font rien de tout cela, car les grands oublient souvent les services des petits, je me trouverai suffisamment récompensé, en songeant que j'ai rempli mon devoir. Mais il est temps de faire sonner la cloche pour appeler les frères au déjeuner du réfectoire; c'est un appel auquel ils obéissent plus volontiers qu'à celui des matines [1].»

---

[1] Ceci rappelle les vers du *Lutrin* de Boileau :

« Ces chanoines vermeils et brillans de santé
« S'engraissaient d'une longue et sainte oisiveté;

A ces mots le prieur revint en clopinant[1] vers le réfectoire, afin de présider à la distribution du stockfish et de l'ale qu'on venait de servir pour le repas des frères. Haletant et grave, il s'assit à table, et laissa échapper quelques mots des avantages que le couvent pouvait espérer et des services que lui-même venait de rendre, lesquels, dans une autre circonstance, eussent attiré l'attention générale. Mais le stockfish était fort salé, l'ale assez bonne, et les mâchoires des frères commensaux trop occupées pour qu'ils pussent laisser quelque usage à leurs oreilles; de sorte que nul des anachorètes ne fut tenté de réfléchir sur les discours mystérieux de leur supé-

> « Sans sortir de leurs lits, plus doux que leurs hermines,
> « Ces pieux fainéans faisaient chanter matines,
> « Veillaient à bien dîner, et laissaient en leur lieu
> « A des chantres gagés le soin de louer Dieu. »
>
> Ch. Ier.

Walter Scott a la tête pleine des ouvrages de nos meilleurs écrivains; mais il ne les cite point: il croit peut-être que sa nationalité en souffrirait. — [1] *Hobbled back*, clopine pour le retour, expression que M. Defauconpret a rendue par « il reprit à pas lents le chemin, » ce qui n'est pas, je crois, reproduire un des traits les plus caractéristiques de l'abbé. A. M.

rieur, excepté le frère Diggory ¹, qui était affligé d'un atroce mal de dents et ne pouvait mâcher que d'un côté de la bouche.

Pendant ce temps, le chevalier noir et son guide parcouraient tranquillement l'obscurité de la forêt. Tantôt le bon chevalier fredonnait à demi-voix des chansons qu'il avait retenues de quelque troubadour amoureux, tantôt il encourageait par ses questions le penchant naturel de Wamba au babil, de manière que leur conversation était un mélange assez bizarre de chants et de quolibets. Nous essaierons d'en offrir une idée au lecteur. Il faut vous représenter ce chevalier comme nous l'avons déjà dépeint : haut de taille, vigoureusement constitué, ayant de larges épaules, et monté sur un cheval noir qui semblait avoir été choisi tout exprès pour le fardeau qu'il devait supporter ; le cavalier avait levé la visière de son casque pour respirer plus librement, mais la mentonnière en était fermée, de façon qu'il eût été difficile de distinguer ses traits. On

---

¹ *Digged*, creusé ; *gory*, plein de mauvais sang ; comme qui dirait, le frère de *triste figure*. A. M.

voyait pourtant des joues pleines et vermeilles, quoique brunies par le soleil de l'orient, et de grands yeux bleus qui étincelaient sous l'ombre formée par sa visière levée; du reste, toute la physionomie et la contenance du chevalier annonçaient une gaieté insouciante, une confiance affranchie de toute crainte, un esprit aussi peu fait à prévoir le danger que prompt à le défier quand il se présentait, et qu'il attendait sans étonnement, la principale de ses pensées ou de ses occupations ayant été la guerre et les aventures périlleuses.

Le bouffon portait ses vêtemens ordinaires; mais les derniers événemens dont il avait été témoin l'avaient déterminé à substituer à son sabre de bois une espèce de couteau de chasse bien affilé, et un petit bouclier, objets dont il s'était assez bien servi, malgré sa profession, dans la tour de Torquilstone, le jour de la ruine de ce château. Il est vrai que l'infirmité du cerveau de Wamba ne consistait guère qu'en une sorte d'impatience irritable qui ne lui permettait ni de rester long-temps dans la même posture, ni de suivre un certain cours d'idées, quoiqu'il sût s'acquitter à merveille de ce qui n'exigeait qu'une attention de quelques minutes, et qu'il saisît parfaitement tout ce qui fixait un moment son intelligence.

Dans la circonstance actuelle il changeait perpétuellement de situation sur son cheval ; tantôt sur le cou, tantôt sur la croupe de l'animal ; d'autres fois les deux jambes pendantes du même côté, ou la face tournée vers la queue ; enfin remuant sans cesse, et tourmentant de mille façons la pauvre bête, qui finit par se cabrer et le jeter sur le gazon, accident qui n'eut d'autre suite que d'éveiller le rire du chevalier et de forcer son guide à demeurer plus tranquille.

Au point de leur voyage où nous revenons à eux, ils étaint occupés à chanter un virelai, où le bouffon mêlait un refrain moitié rauque moitié doux au savoir plus grand du chevalier de Fetterlock ou du cadenas [1]. Voici quel était ce virelai :

---

[1] *Fetter*, fers ; *lock*, chaîne ou tresse ; comme qui dirait le chevalier de la *chaîne de fer*. C'est ici le *cadenas*, et nous l'avons déjà employé, dans ce sens, plusieurs fois. A. M.

LE CHEVALIER.

Lève-toi, douce Anna-Marie,
Déja revient l'astre du jour;
Il revient dorer la prairie,
Et le brouillard fuit à son tour.
Les oiseaux dans l'épais bocage
Ont repris leur joyeux ramage;
Debout, l'aurore est de retour.
Du chasseur absent de sa couche
Le cor sonne aux bois d'alentour,
D'où le cerf effrayé débouche;
Et l'écho charmé du désert
Redit ce sauvage concert.
Lève-toi donc, Anna-Marie,
Sors de ta chaste rêverie,
Et viens de ta maison chérie
Folâtrer sur le gazon vert.

WAMBA.

Quel bruit résonne à mon oreille?
O Tybalt, ne m'éveille pas;
Sur le duvet quand je sommeille,
Qu'un doux songe a pour moi d'appas!
Que sont, près d'un rêve paisible,
Les plaisirs du monde éveillé?
O Tybalt, j'y suis peu sensible,
Mon cœur en est peu chatouillé.
Devant le brouillard qui s'enlève,
Que l'oiseau répète ses chants;
Que du cor, au milieu des champs,
Le bruit aigu monte et s'achève:
Des sons plus doux et plus touchans
Me flattent pendant que je rêve;
Mais ne crois pas qu'en ces momens
Ton amour occupe mon rêve.

«Délicieuse chanson, dit Wamba quand ils l'eurent finie, et belle morale, je le jure par ma marotte. Il me souvient que je la chantais un jour à mon camarade Gurth qui, par la grace de Dieu et de son maître, n'est pas moins aujourd'hui qu'un homme libre; et nous reçûmes tous deux la bastonnade pour être demeurés au lit jusqu'à deux heures après le soleil levé, pour répéter notre romance; rien qu'en songeant à l'air il me semble que le terrible jonc secoue mes épaules et m'arrache des cris. Cependant, pour vous obliger, noble chevalier, je n'ai point balancé à chanter la partie d'Anna-Marie.» Le bouffon passa ensuite à une autre chanson comique, dans laquelle le chevalier, saisissant le ton, l'accompagna comme on va le voir:

LA VEUVE DE WYCOMBE.

LE CHEVALIER ET WAMBA.

Trois preux galans de l'est, du nord et du couchant,
 (Mes amis, chantons à la ronde),
Ensemble courtisaient certaine veuve blonde:
De qui la veuve a-t-elle écouté le penchant?

Le premier qui parla, venu de Tynedale [1],
Se prétendait issu d'aïeux de grand renom;
Devant cette origine, ingénieux dédale,
 La veuve dira-t-elle non?

Son père était un laird [2], son oncle était un squire [3];
Son orgueil égalait celui d'Agamemnon.

---

[1] Pays sur la limite de l'Angleterre et de l'Écosse. — [2] Gentilhomme écossais. — [3] Gentilhomme anglais. A. M.

Elle lui dit: Ailleurs va conter ton martyre;
    A tes vœux ma réponse est non.

WAMBA.

Celui du Nord jura sur son ame et sa race
Qu'il était gentilhomme et valeureux Gallois.
    Elle lui dit: Grand bien vous fasse!
    Je ne vivrai pas sous vos lois.

Il s'appelait David, Ap Tudor, Morgan, Rhice.
    C'est trop de noms, lui dit-elle en riant;
Une veuve auprès d'eux aurait trop de service;
    Offrez ailleurs votre soupir brûlant.

Mais du comté de Kent, un beau fermier arrive,
    Chantant sa joyeuse chanson:
La veuve à son aspect cesse d'être rétive;
Il est riche et gaillard: elle ne dit plus non.

ENSEMBLE.

L'Écossais, le Gallois, rebutés de la belle,
    Vont chercher un autre tendron;
Car au fermier de Kent, à sa rente annuelle,
    Aucune veuve n'a dit non.

« Je voudrais, Wamba, dit le chevalier, que notre hôte du grand chêne, ou le joyeux moine son chapelain, entendissent cette chanson à la louange de notre yeoman fermier. » — « Pour moi, je ne m'en soucierais pas, dit le bouffon, si je ne voyais le cor suspendu à votre baudrier. » — « Oui, dit le chevalier, c'est un gage de l'amitié de Locksley, quoique je n'en aie apparemment nul besoin. Trois mots sur ce cor, et je suis sûr de voir accourir à notre aide une bande de braves archers. »

«Je dirais, à Dieu ne plaise que nous n'ayons leur visite, reprit Wamba, si ce beau présent n'était point là pour empêcher qu'ils n'exigeassent de nous un droit de passe.» — «Que veux-tu dire par là? Penses-tu que sans ce gage d'amitié ils oseraient nous attaquer?» — «Je ne dis rien, car ces arbres ont des oreilles comme les murailles. Mais répondez à votre tour, sire chevalier : quand vaut-il mieux avoir sa cruche et sa bourse pleines que vides?» — «Ma foi, jamais, je pense, dit le cheavlier.» — Vous ne méritez d'avoir pleine ni l'une ni l'autre pour m'avoir fait une semblable réponse. Il vaut mieux vider sa cruche avant de la passer à un Saxon, et laisser l'argent à la maison avant de s'aventurer dans un bois.»

«Vous prenez donc nos amis pour des voleurs,» dit le chevalier du cadenas. — «Je n'ai point dit cela, beau chevalier, reprit Wamba; mais un voyageur peut soulager son cheval en le déchargeant d'un fardeau inutile, et un homme soulager son semblable en lui ôtant ce qui est la source de tout mal. Je ne veux donc pas injurier ceux qui rendent de tels services ; seulement je voudrais avoir laissé ma malle et ma bourse chez moi, si je rencontrais ces braves gens dans ma route, afin de leur éviter la peine de m'en débarrasser.»

«Nous devons prier pour eux, mon ami, nonobstant l'idée flatteuse que tu en donnes.»—«Je prierai pour eux de tout mon cœur, mais à la maison et non dans la forêt, comme l'abbé de Saint-Bees, qu'ils contraignirent à dire la messe dans le creux d'un arbre qui lui servit de stalle.» —«Quoi que tu puisses en penser, Wamba, ces yeomen ont rendu de grands services à Cedric au château de Torquilstone.»— «J'en conviens, mais c'était en guise de trafic avec le ciel.»

«De trafic avec ciel! Que veux-tu dire par là?»—«Rien de plus simple : ils font avec le ciel une balance de compte, suivant que notre vieil intendant le pratiquait dans ses écritures, suivant que l'établit le juif Isaac avec ses débiteurs : comme ce dernier, ils donnent peu et prennent beaucoup ; calculant sans doute en leur faveur, à titre d'usure, sept fois la somme que la sainte Bible a promise sur les emprunts charitables. »

« Donne-moi un exemple de ce que tu entends ; je ne sais rien des chiffres ou règles d'intérêt en usage. » — « Puisque votre valeur a l'intelligence si bouchée, je vous dirai que ces gens balancent une bonne action avec une qui n'est pas aussi louable ; par exemple, ils donnent une demi-couronne à un frère mendiant, sur cent besans d'or pris à un gros abbé ; ou ils caressent une jolie fille dans un bois, en respectant une veuve ridée. » — « Laquelle de ces actions est la bonne, et quelle est celle qui ne l'est pas ? » demanda le chevalier. « Bonne plaisanterie ! bonne plaisanterie ! dit Wamba ; la compagnie des gens d'esprit aiguise l'intelligence. Je vous assure que vous n'avez rien dit d'aussi bien, sire chevalier, lorsque vous chantiez matines avec le saint ermite ; mais, pour suivre mon raisonnement, vos braves gens de la forêt bâtissent une chaumière en brûlant un château ; ils décorent une chapelle et pillent une église ; ils délivrent un pauvre prisonnier et mettent à mort un shériff[1]; ils secourent un franklin saxon, et jettent dans les flammes un baron normand. Ce sont enfin de gentils voleurs, d'honnêtes brigands; mais il vaut toujours mieux les rencontrer quand leur balance n'est pas de niveau. »

« Et pourquoi cela? dit le chevalier; parce qu'alors ils éprouvent de la contrition et tâchent de rétablir l'équilibre, vu que cette balance ne penche jamais du bon côté; mais quand elle est de niveau, malheur à ceux qu'ils rencontrent. Les premiers voyageurs qu'ils trouveront après leur bonne action à Torquilstone, seront écorchés tout vifs. Et cependant, ajouta le bouffon en se rapprochant du chevalier, il y a dans les bois des compagnons encore plus dangereux que les outlaws. »

« Et que peuvent-ils être? je crois, dit le chevalier, qu'il ne s'y trouve ni loups, ni ours. » — « Les hommes d'armes de Malvoisin, répondit Wamba; sachez que dans un moment de trouble, une demi-douzaine de ces hommes est plus dangereuse qu'une

[1] Sorte de préfet ou chef de comté en Angleterre. A. M.

bande de loups enragés. A l'heure qu'il est, ils attendent leur proie, et ils ont recruté les soldats échappés de Torquilstone; et si nous en rencontrions une bande, elle nous ferait payer un peu cher nos exploits. Maintenant, sire chevalier, permettez-moi de vous demander ce que vous feriez si deux de ces gens fondaient sur nous. »— « Je les clouerais contre terre avec ma lance s'ils osaient s'opposer à notre passage. » — « Mais s'ils étaient quatre? » — « Je les ferais boire à la même coupe. » — « S'ils étaient six, pendant que nous ne sommes que deux, ne vous rappelleriez-vous pas alors le présent de Locksley? »— « Quoi! je demanderais du secours contre une pareille canaille [1], qu'un vrai chevalier chasse devant lui, comme le vent chasse les feuilles desséchées! » — « Alors, je vous prierai, sire chevalier, de vouloir bien me permettre d'examiner de plus près le cor dont le son a un pouvoir si merveilleux. »

Le chevalier, pour satisfaire à la curio-

---

[1] Le texte porte *rascaille*, mot imité du français *canaille*, et qui vient de *rascal*, faquin. A. M.

sité du Bouffon, détacha le cor de son baudrier et le remit à Wamba, qui aussitôt le pendit à son cou : *tra-lira-la*, dit-il en chuchotant les notes convenues. «Je connais ma gamme aussi bien qu'un autre.»—«Que veux-tu dire, faquin? rends-moi ce cor.» — «Contentez-vous, sire chevalier, de savoir que j'en aurai soin. Quand la valeur et la folie voyagent ensemble, la folie doit porter le cor, parce que c'est elle qui souffle le mieux.»—«Wamba, ceci passe les limites du respect, dit le chevalier noir, prends garde de mettre ma patience à bout.» — «Point de violence, sire chevalier, dit Wamba en s'écartant à une certaine distance du champion impatienté, ou la folie vous montrera qu'elle a une bonne paire de jambes, et laissera la valeur chercher toute seule sa route à travers la forêt.»

«Tu m'as vaincu, Wamba, reprit le chevalier; tu as fait vibrer une corde sensible; d'ailleurs, je n'ai pas le temps de me quereller avec toi : garde le cor, et poursuivons notre chemin.» — «Vous me promettez de ne point me maltraiter, sire chevalier, dit Wamba. »— « Je te le promets, faquin. » — « Foi de chevalier! continua Wamba en se rapprochant avec précaution. » — « Foi de chevalier! mais hâtons-nous. »—« Ainsi donc, voilà la valeur et la folie réconciliées encore une fois, dit le bouffon en se replaçant sans crainte auprès du chevalier noir; je n'eusse pas aimé un coup de poing comme celui que vous appliquâtes au moine, quand sa piété roula comme une quille sur le sol; et maintenant que la folie porte le cor, il est temps que la valeur se lève et secoue sa crinière; car si je ne me trompe, je vois là-bas de la compagnie qui nous attend. »

« Qu'est-ce qui te fait juger ainsi? dit le chevalier. Je viens de voir étinceler à travers le feuillage quelque chose qui ressemble à un morion. Si c'étaient d'honnêtes gens ils suivraient le sentier; mais cette broussaille est une chapelle choisie par les clercs de Saint-Nicolas. » — « Par ma foi, dit le chevalier en baissant sa visière, je crois que tu as raison. » Il la baissa bien à point; car à l'instant trois flèches lui arrivèrent au front, et l'une d'elles lui fût entrée dans la cervelle si le casque ne l'eût garantie; les deux autres furent parées par le bouclier qui pendait à son cou. »

« Grand merci, ma bonne armure. Wamba, il faut montrer de la vigueur, » dit le chevalier; et il se précipita vers le taillis. Il y fut entouré par sept individus qui se firent contre sa fougue un rempart de leurs lances. Trois de ces armes le touchèrent et se brisèrent comme si elles eussent rencontré une tour d'airain. Les yeux du chevalier noir semblaient lancer le feu à travers les ouvertures de sa visière. Il se leva sur ses étriers, et, avec une dignité singulièrement imposante, il s'écria : « Que signifie ceci, mes maîtres ? » Les assaillans ne lui répondirent qu'en tirant leurs épées et en l'atta-quant de toutes parts avec ce cri : « Mort au tyran ! »—« Ah ! saint Édouard ! saint Georges ! dit le chevalier noir en abattant un homme à chaque invocation, il y a donc ici des traîtres ? »

Les agresseurs, quelque déterminés qu'ils fussent, se tenaient hors de la portée d'un bras qui à chaque coup donnait la mort; et il était à présumer que sa seule valeur allait mettre en fuite tous ceux qui l'assaillaient, quand un chevalier couvert d'armes bleues, qui jusqu'alors s'était tenu en arrière, fondit sur le noir fainéant; mais, au lieu de le frapper de sa lance, il la poussa contre le cheval que celui-ci montait, et qui tomba blessé à mort. « C'est le trait d'un lâche et d'un félon ! » s'écria le chevalier noir en tombant avec son coursier.

En ce moment, le bouffon prit son cor dont le bruit soudain fit retirer un peu les assassins, et Wamba, quoique mal armé, ne balança point à voler au secours du chevalier noir. « Lâches ! s'écria celui-ci, n'avez-vous pas honte de reculer au seul bruit d'un cor ? » Animés par cette apostrophe, ils attaquèrent de nouveau le noir fainéant, qui n'eut d'autre ressource que de s'adosser contre un chêne et de se défendre l'épée à la main. Le chevalier félon, qui avait pris une autre lance, épiant le moment où son redoutable antagoniste était serré de plus près, galopa vers lui dans l'espoir de le clouer avec sa lance contre l'arbre, lorsque Wamba fit encore échouer ce projet. Le bouffon, suppléant à la force par l'agilité, et étant dédaigné par les hommes d'armes, occupés d'un objet plus important, voltigeait à quelque distance du combat, et il arrêta l'élan du chevalier bleu, en coupant les jarrets de son cheval d'un revers de son couteau de chasse. Le cheval et le cavalier mordirent aussitôt la poussière; mais la situation du chevalier du cadenas n'en était pas moins périlleuse, car il était assailli par plusieurs hommes complétement armés, et il commençait à s'épuiser par la violence de ses efforts réitérés sur tous les points, quand une flèche inconnue et soudaine étendit par terre celui des combattans qui le harcelait le plus; et presque au même instant une bande d'archers ayant à leur tête Locksley et le moine, sortirent du taillis et se ruèrent sur les marauds qu'ils tuèrent ou blessèrent tous dangereusement. Le chevalier noir remercia ses libérateurs avec une dignité qu'ils n'avaient pas remarquée jusqu'alors; car on le prenait plutôt pour un soldat courageux que pour un personnage de haut rang.

« Avant de vous témoigner ma reconnaissance, mes braves amis, leur dit-il, il importe que je sache quels sont ces ennemis que je n'avais point provoqués. » Wamba leva la visière du chevalier bleu qui paraît être le chef de ces bandits. Aussitôt le bouffon courut au chef des assassins, qui, froissé par sa chute et embarrassé sous son coursier blessé, ne pouvait ni fuir ni opposer aucune résistance.

« Venez, vaillant chevalier, lui dit Wamba, il faut que je sois votre armurier après avoir été votre écuyer. Je vous ai démonté, et je vais maintenant vous délivrer de votre casque. » En parlant ainsi, et sans cérémonie, il dénoua les cordons du casque qui, roulant sur le sol, montra au chevalier noir des traits qu'il était loin de présumer. « Waldemar Fitzurse ! dit-il frappé de surprise ; et quel motif a pu pousser un homme de ton rang et de ta naissance à une expédition aussi infame ? »

« Richard, lui répondit le chevalier captif en le regardant avec fierté, tu connais peu le cœur humain, si tu ne sais pas à quoi l'ambition et la vengeance peuvent entraîner un fils d'Adam. » — « La vengeance ! dit

le chevalier noir; je ne t'ai jamais fait aucun mal; tu n'as rien à venger sur moi.»
—«Ma fille, Richard, dont tu as dédaigné l'alliance, n'était-ce pas une injure que ne peut pardonner un Normand, dont le sang est aussi noble que le tien?» —« Ta fille! reprit le chevalier noir, et telle est la cause de ton inimitié et qui te portait à vouloir me tuer!.. Mes amis, éloignez-vous un peu, j'ai besoin de lui parler seul... Maintenant que personne ne nous entend, Waldemar, dis-moi la vérité : qui t'a porté à cet acte de scélératesse?» —«Le fils de ton père, répondit Waldemar, et en agissant ainsi, il vengeait à son tour ta désobéissance envers ton père.»

Les yeux de Richard, étincelèrent d'indignation, mais il reprit bien vite son sang-froid ordinaire. La main sur le front, il resta un moment à regarder Fitzurse dans les traits duquel éclataient l'orgueil et la honte à la fois. «Tu ne me demandes point grace, Waldemar, dit le roi.» —«Celui qui est sous les griffes du lion n'ignore pas, dit Fitzurse, qu'il ne peut en attendre.» — «Reçois-la donc sans l'avoir demandée.

répond Richard ; le lion ne se repaît point de cadavres. Garde ta vie, mais à la condition que dans trois jours tu quitteras l'Angleterre, et tu iras cacher ton infamie dans ton château normand, et que tu ne citeras jamais le nom de Jean d'Anjou comme ayant quelque chose de commun avec ta félonie. Si tu foules encore le sol anglais après le temps que je t'ai accordé, attends-toi à mourir, ou si tu souffles un mot qui puisse porter atteinte à l'honneur de ma maison, de par saint George l'autel même ne te servirait pas de refuge ; je te ferai pendre aux créneaux de ton propre château pour servir de pâture aux corbeaux. Qu'on donne un cheval à Locksley, car je vois que vos archers se sont emparés de ceux qui étaient libres, et qu'il parte sain et sauf. » — « Si je ne jugeais que la voix de celui qui me parle de droit à son obéissance, répondit Locksley, je lancerais à ce scélérat une flèche qui lui épargnerait la fatigue d'un plus long voyage.

« Tu portes un cœur anglais, Locksley, dit le chevalier noir, et tu as bien pensé en

jugeant que j'avais droit à ton obéissance. Je suis Richard, roi d'Angleterre. » A ces mots prononcés avec le ton de majesté convenable au rang élevé et au caractère noble de Cœur-de-Lion, tous les archers mirent le genou en terre devant lui. Ils lui prêtèrent serment et implorèrent le pardon de leurs offenses. « Relevez-vous, mes amis, dit Richard d'un ton gracieux et les regardant d'un œil dans lequel l'expression de sa bonté naturelle avait déja fait place à celle du ressentiment, tandis que ses traits ne conservaient aucune trace de la lutte terrible, sinon que son teint était encore animé ; relevez-vous, dit-il, mes amis ; les fautes que vous avez pu commettre, soit dans les forêts, soit dans la plaine, sont effacées par les services importans que vous avez rendus à mes sujets opprimés devant les murs de Torquilstone, et le secours que vous venez de donner à votre monarque. Relevez-vous et soyez toujours des sujets fidèles. Et toi, brave Locksley...»
— « Ne m'appelez plus Locksley, mon roi, connaissez-moi sous mon véritable nom.

Déplorable sort! la renommée en est sans doute venue jusqu'à vous. Je suis Robin-Hood de la forêt de Sherwood. »

« Le roi des proscrits et le prince des bons enfans! dit le roi : et qui n'a pas entendu citer un nom qui a retenti jusque dans la Palestine! Va, je te promets, brave proscrit, que je ne me souviendrai contre toi d'aucun fait commis en mon absence pendant les temps orageux qui y ont donné sujet. »

« Le proverbe dit vrai, » répondit Wamba avec un peu moins de gaieté que de coutume :

« Quand les chats n'y sont pas,
« Les souris sont en danse. »

« Hé quoi! Wamba, te voilà, dit Richard, il y avait si long-temps que je n'avais entendu ta voix, que j'ai cru que tu avais pris la fuite. »

« Moi prendre la fuite! dit Wamba; et depuis quand la folie se séparerait-elle de la valeur; voilà le trophée de mon sabre. Le bon cheval gris que je voudrais bien revoir sur ses jambes, à condition que son maître resterait couché en sa place. Il est vrai que j'ai d'abord un peu lâché pied; car une jaquette n'est pas à l'épreuve des coups de lance comme une bonne armure d'acier; mais si je n'ai point combattu à la pointe de l'épée, convenez que j'ai bien sonné la charge.»

«Et fort à propos, honnête Wamba, dit le roi. Ce bon service ne sera pas oublié.»

«*Confiteor, confiteor,* s'écria d'un ton soumis une voix à côté du roi; je suis au bout de mon latin pour le moment; mais j'avoue ma haute trahison, et je demande l'absolution avant qu'on ne me mène à mort.»

Richard se retourna et aperçut le joyeux frère à genoux répétant son rosaire, tandis que son gourdin, qui n'avait pas été oisif pendant le combat, était resté sur le gazon à côté de lui. Sa physionomie cherchait à exprimer la plus grande contrition; ses yeux étaient levés et les coins de sa bouche abaissés, ainsi que le disait Wamba, comme les coins de l'ouverture d'une bourse : néanmoins cette affectation de pénitence était risiblement démentie par un air plaisant qui perçait sur ses traits grossiers et semblait indiquer que sa crainte et son repentir n'étaient que de l'hypocrisie. « Pourquoi es-tu à genoux, fou de prêtre? as-tu peur que ton diocésain n'apprenne que tu sers bien la cause de Notre-Dame et de Saint-Dunstan? Ne crains rien, Richard d'Angleterre ne trahit pas les secrets qui passent sur le flacon. » — « Non, mon gracieux souverain, répondit l'ermite, bien connu des curieux dans l'histoire de Robin-Hood sous le nom de frère Truck, ce n'est pas la croix que je crains, c'est le sceptre; hélas! mon poing sacrilége s'est appesanti sur l'oreille de l'oint du Seigneur. »

Ah, ah ! dit Richard, le vent vient donc de ce côté? en vérité, j'avais oublié le soufflet, quoique l'oreille m'en ait sifflé toute la journée; mais si le coup a été bien donné, je m'en rapporte à ces braves gens pour savoir s'il n'a pas été bien rendu; et si tu penses que je te doive encore quelque chose, tu n'as qu'à l'apprêter pour un autre paiement. » — « Nullement, répondit le frère Truck, mon prêt a été bien rendu, et avec usure; puisse votre majesté toujours payer ses dettes aussi largement. » — « Si je pouvais les payer avec la même

monnaie, répondit le roi, mes créanciers ne trouveraient jamais le trésor vide. »
— « Et cependant, dit le frère reprenant son air hypocrite, je ne sais quelle pénitence m'imposer pour ce coup sacrilége.»
— «N'en parlons plus, frère, dit le roi, après en avoir tant reçu des païens et des infidèles, il faudrait manquer de raison pour chercher querelle au soufflet d'un clerc aussi saint que l'est celui de Copmanhurst; cependant, honnête frère, je crois qu'il vaudrait mieux pour l'Église et pour toi que je te procurasse une licence pour te défroquer et te conserver en qualité d'archer de notre garde, attaché à notre personne, comme tu l'étais jadis à l'autel de saint Dunstan. » — « Mon seigneur, dit le frère, j'implore votre pardon, et vous me l'accorderiez facilement, si vous saviez seulement combien le péché de paresse s'est emparé de moi. Saint Dunstan puisse-t-il long-temps nous être favorable. Il reste tranquille dans sa niche, quoique j'oublie mes oraisons pour aller tuer un daim gras; je passe parfois la nuit hors de ma cellule, à faire je ne sais quoi,

saint Dunstan ne se plaint jamais ; c'est le maître le plus doux, le plus paisible qu'on ait jamais fabriqué en bois ; mais devenir garde de mon souverain monarque, l'honneur est grand, sans doute ; néanmoins s'il m'arrivait de m'écarter pour aller dans quelque coin consoler une veuve, ou dans quelque forêt pour tuer un daim : où est ce chien de prêtre ? dirait l'un ; qui a vu ce maudit Truck ? dirait l'autre ; ce coquin de moine défroqué détruit plus de gibier que la moitié du comté, dirait un garde ; il poursuit aussi toutes les daines timides du pays, dirait un second ; enfin, mon bon seigneur, je vous prie de me laisser tel que vous m'avez trouvé ; ou, pour peu qu'il vous plaise d'étendre votre bienveillance sur moi, veuillez ne me considérer que comme le pauvre clerc de la cellule de saint Dunstan de Copmanhurst, à qui la moindre donation sera des plus agréables. »

« Je t'entends, dit le roi, et j'accorde au révérend clerc la permission de prendre mon bois et de tuer mon gibier dans mes forêts de Warncliffe, mais je ne lui permets de tuer que trois daims chaque saison, et si, d'après ma permission, tu n'en tues pas trente, je ne suis ni chevalier chrétien ni vrai roi.» — « Je puis assurer à votre majesté, dit le frère, que, par la grace de saint Dunstan, je trouverai le moyen de multiplier les dons de votre libéralité.» — « Je n'en doute pas, frère, dit le roi; mais comme le gibier altère, mon sommelier aura ordre de te pourvoir tous les ans d'un tonneau de vin sec ou de Malvoisie, et trois muids d'ale (bière) de première qualité; si tout cela ne suffit pas pour te désaltérer, tu viendras à ma cour et tu feras connaissance avec mon sommelier.»—«Et pour saint Dunstan, dit le moine, j'ajouterai une chape, une étole, et une nappe d'autel, continua le roi en faisant le signe de la croix. Mais ne donnons pas un ton sérieux à nos plaisanteries dans la crainte que Dieu ne nous punisse de penser à nos folies plus qu'à l'honorer et à le prier.» — «Je réponds de mon patron, dit le prêtre gaîment.» — «Réponds de toi-même, frère,» dit le roi Richard d'un ton sévère; mais aussitôt il tendit la main à l'ermite, et celui-ci, un peu honteux, s'agenouilla pour la baiser. — «Tu fais moins d'honneur à ma main ouverte que tu n'en fais à mon poing fermé, dit le monarque; tu ne fais que t'agenouiller devant l'une, et l'autre t'a étendu par terre.» Mais le frère craignant peut-être de commettre quelque nouvelle offense en continuant la conversation sur un ton trop plaisant (c'est ce que devraient éviter particulièrement tous ceux qui ont à parler avec des rois), fit un profond salut et se retira en arrière. En même temps deux autres personnages parurent en scène.

CHAPITRE XLI.

« Salut aux grands seigneurs, qui ne sont pas plus
« heureux, quoique plus puissans que nous. S'ils veulent
« voir nos passe-temps sous nos verts feuillages, ils
« seront bien venus dans nos bosquets joyeux. »
Mac-Donald.

Les nouveaux venus étaient Wilfrid d'Ivanhoe monté sur le palefroi du prieur de Botolph, et Gurth qui le suivait sur le cheval de guerre de son maître. L'étonnement d'Ivanhoe fut extrême quand il vit son roi couvert de sang et entouré de six ou sept cadavres, dans le petit taillis qui avait été le lieu du combat. Il ne fut pas moins surpris de voir Richard au milieu de tant d'habitans des bois qui lui paraissaient être les proscrits de la forêt. Ce cortége lui semblait dangereux pour un prince. Il hésitait s'il devait s'adresser au roi comme au chevalier noir, et réfléchissait comment il devait se conduire envers lui. Richard vit son embarras. «Ne crains pas, Wilfrid, lui dit-il, de t'adresser à Richard Plantagenet; tu le vois entouré de véritables Anglais, quoiqu'ils aient peut-être été entraînés par un sang trop bouillant.» — «Sire Wilfrid d'Ivanhoe, lui dit le brave proscrit en s'avançant, mes protestations n'ajouteraient rien à celles de mon souverain. Cependant qu'il me soit permis de dire avec quelque orgueil que de tous les hommes qui ont souffert beaucoup, il n'a pas de sujets plus fidèles que ceux qui sont maintenant devant lui.» — «Je n'en puis douter, brave homme, dit Wilfrid, puisque tu es du nombre. Mais que signifient ces traces de carnage et de combats, ces hommes tués, et l'armure sanglante de mon prince ? »— « La trahison nous suivait, Ivanhoe, dit le roi, mais grace à ces braves gens elle a trouvé son châtiment. Ah ! maintenant j'y pense, toi aussi tu es un traître, continua Richard en souriant, un traître désobéissant : mes ordres n'étaient-ils pas positifs, ne devais tu pas te reposer à Saint-Botolph jusqu'à ce que ta blessure fût guérie. »—« Elle est guérie, dit Ivanhoe, elle ne vaut pas maintenant une piqûre d'épingle. Mais pourquoi, oh ! pourquoi, noble prince, affliger ainsi les cœurs de vos fidèles sujets et exposer votre vie dans des aventures téméraires, comme si elle n'était pas plus précieuse que celle d'un simple chevalier errant, qui n'a d'autre intérêt sur terre que celui qui se trouve au bout de sa lance et de son épée. »

« Oui, Richard de Plantagenet, dit le roi, ne veut d'autre gloire que celle que lui procurent sa lance et son épée. Oui, Richard de Plantagenet est plus fier de mener à fin une aventure avec son épée et son bras, que s'il rangeait en bataille une armée de cent mille hommes. » — « Mais votre royaume, mon prince, dit Ivanhoe, votre royaume est menacé de guerre civile, vos sujets courent toute espèce de danger, s'il faut qu'ils soient tout à coup privés de leur souverain dans quelques unes de ces aventures que vous poursuivez journellement à votre bon plaisir; et en ce moment même je vois que votre salut tient du miracle. » — « Oh, Oh! mon royaume et mes sujets, répliqua Richard avec impatience; mais je te dirai, sire Wilfrid, que les meilleures d'entre eux sont prêts à me payer mes folies avec la même monnaie. Par exemple, mon très fidèle serviteur Wilfrid d'Ivanhoe n'obéit pas à mes ordres positifs, et cependant il vient faire un sermon à son roi, parce qu'il ne suit pas exactement ses conseils : lequel de nous d'eux a le plus de droit de sermonner l'autre. Quoi qu'il en soit, pardonnez-moi, mon fidèle Wilfrid, le temps que j'ai passé et que je dois encore passer incognito à Saint-Botolph, est comme je te l'ai déja dit, très nécessaire, afin que mes amis et mes nobles dévoués aient le temps de rassembler leurs forces, afin que lorsque le retour de Richard sera annoncé, il se trouve à la tête d'une armée qui fasse trembler ses ennemis et anéantisse ainsi la trahison sans qu'on ait besoin de tirer l'épée du fourreau. Estoteville et Bohurn ne sont pas assez en forces pour marcher sur York avant vingt-quatre heures d'ici. Il faut que j'aie des nouvelles de Salisbury au sud et de Beauchamp dans le Warwickshire, ainsi que de Multon et de Percy au nord. Il faut que le chancelier s'assure de Londres. Une apparition trop subite m'exposerait à d'autres dangers que ceux dont pourraient me tirer ma lance et mon épée, quoique secondées par l'arc du brave Robin, le gourdin du frère Truk et le cor du sage Wamba.

Wilfrid s'inclina d'un air soumis, il sentit qu'il était utile de combattre l'esprit chevaleresque qui portait souvent son maître à s'exposer à des dangers qu'il aurait évités facilement, ou plutôt qu'il lui était impardonnable de chercher. Wilfrid soupira et se tut, tandis que Richard s'applaudissait d'avoir imposé silence à son conseiller, quoiqu'au fond de son cœur il sentît la justice de ses observations. Il continua la conversation avec Robin-Hood.

«Roi des proscrits, lui dit-il, n'auriez-vous rien à offrir à votre confrère en royauté, car ces misérables défunts m'ont donné de l'exercice et de l'appétit.»

« En toute vérité, répliqua le braconnier, et j'aurais garde de mentir à mon souverain, notre magasin est en grande partie pourvu de...» Il s'arrêta avec quelque embarras. «De gibier, n'est-ce pas [1], dit gaîment Richard; bien, bien, on ne peut s'attendre à mieux, et vraiment quand un roi ne veut pas rester chez lui, ni prendre la peine de tuer lui-même son gibier, il me semble qu'il ne doit pas se fâcher de le trouver tué d'avance.»

«Alors, dit Robin, si votre majesté daigne encore honorer de sa présence un des lieux de rendez-vous de Robin Hood, la venaison ne manquera pas, non plus que l'ale (la bière), et peut-être bien un vin passable.» Le braconnier se mit en marche, suivi du joyeux monarque, plus content peut-être de cette rencontre fortuite avec Robin-Hood et ses compagnons, qu'il ne

---

[1] Richard Cœur-de-Lion était d'une grande sévérité contre les braconniers. A. M.

l'aurait été dans sa royauté au milieu d'un cercle brillant de pairs et de nobles. Tout ce qui était nouveau en fait de société ou d'aventures faisait le bonheur de Richard Cœur-de-Lion, et il n'était jamais si content que lorsqu'il avait rencontré quelque danger, et qu'il l'avait surmonté. Dans ce roi à cœur de lion se réalisait le caractère brillant, mais dans le fond bon à rien, d'un vrai chevalier de roman ; la gloire personnelle qu'il s'acquérait par ses propres faits d'armes était plus précieuse à son imagination exaltée que celle que lui aurait valu dans son gouvernement la politique et la prudence d'un homme d'état : aussi son règne fut-il semblable à un météore éclatant et rapide, qui s'élance tout à coup sur la face des cieux, en y répandant une lumière éblouissante, mais vaine, qui est aussitôt ensevelie dans une nuit profonde. Ses hauts faits de chevalerie fournissaient des sujets aux bardes et aux ménestrels, mais il n'en résultait pour son pays aucun de ces avantages réels, de ceux que l'histoire aime à rapporter et donne pour exemples à la postérité. Dans sa compagnie actuelle, Richard se montrait sous les plus aimables apparences; il était gai, de bonne humeur, et passionné pour le courage dans quelque personne qu'il se rencontrât. Ce fut sous un énorme chêne qu'on prépara à la hâte un repas champêtre pour le roi d'Angleterre. Il était entouré d'hommes que son gouvernement avait proscrits récemment, mais qui composaient pour l'instant sa cour et son escorte: à mesure que le flacon circulait, ces hommes grossiers oubliaient la contrainte que leur avait imposée le présence d'une Majesté; bientôt on en vint aux chansons et aux plaisanteries. Ils racontaient avec emphase l'histoire de leurs entreprises, et tout en se faisant gloire du succès avec lequel ils avaient violé les lois, pas un ne se rappelait qu'il parlait devant celui qui devait les faire respecter. Le roi lui-même, oubliant sa dignité aussi bien que toute la compagnie, riait, plaisantait avec la bande joyeuse[1]. Le bon sens naturel et grossier de Robin-Hood l'avertit qu'il fallait finir la scène avant que rien n'en eût troublé l'accord,

[1] Ce trait rappelle le bon roi d'Yvetot. A. M.

d'autant plus qu'il remarquait sur le front d'Ivanhoe une ombre d'inquiétude. «Nous sommes honorés, dit-il à part au baron, par la présence de notre loyal souverain, mais je ne voudrais pas qu'il abusât de son temps, que les circonstances actuelles rendent si précieux.»

«C'est bien pensé, brave Robin-Hood, dit le chevalier; et sachez de plus que ceux qui plaisantent avec la souveraineté, même dans ses momens d'abandon, ne font que jouer avec le lionceau, qui peut, à la moindre provocation, se servir de ses dents et de ses griffes.» — «Vous avez précisément la même appréhension que moi, dit le proscrit; mes hommes sont grossiers par état et par nature. Le roi est aussi fougueux qu'il est de bonne humeur; je ne puis deviner le moment où il se commettra quelque sujet d'offense, ni de quelle manière il serait reçu... Il est temps que ce repas finisse.» — «Tâchez donc d'y parvenir, vaillant archer, dit Ivanhoe, car pour moi, je crois que chaque mot que j'ai hasardé à ce sujet n'a servi qu'à le prolonger.» — «Faut-il que je risque d'une parole le pardon et la faveur de mon souverain, dit Robin-Hood; mais de par saint Christophe il le faut; je serais indigne de ses bonnes graces si je ne les aventurais pas pour son propre intérêt... Scathlock, retire-toi derrière ce taillis, et donne-moi sur ton cor un air normand, à l'instant même, au péril de ta vie!» Scathlock obéit à son capitaine, et en moins de cinq minutes les convives tressaillirent au son du cor.

«C'est le son du cor de Malvoisin, dit le meunier se dressant sur ses pieds et saisissant son arc; le frère laissa aller le flacon qu'il tenait et s'empara de son bâton à deux bouts; Wamba s'arrêta court au milieu de sa bouffonnerie, s'élança sur son sabre et saisit son bouclier. Tous les autres tenaient déjà leurs armes... Les hommes habitués à une vie précaire passent facilement des festins aux combats. Quant à Richard, ce changement était pour lui un nouveau plaisir; il demanda son casque et les parties les plus pesantes de son armure qu'il avait jetées de côté; et, tandis que Gurth lui aidait à s'en revêtir, il enjoignit strictement à Wilfrid, sous peine de sa plus grande disgrace, de faire partie de la lutte qu'il supposait devoir se préparer. « Tu as combattu cent fois pour moi, Wilfrid, cent fois j'en fus témoin : aujourd'hui c'est à ton tour à voir comment Richard se bat pour son ami et ses sujets. »

Pendant ce temps Robin-Hood avait envoyé plusieurs de ses compagnons de divers côtés, comme s'il eût voulu reconnaître l'ennemi. Voyant alors que tous les convives étaient dispersés, il s'approcha de Richard qui était complétement armé, et, mettant un genou en terre, il supplia son roi de lui pardonner. « Et pourquoi ? brave archer, dit Richard d'un air impatient ; ne t'ai-je point accordé le pardon de toutes les fautes que tu as pu commettre ? penses-tu que ma parole soit une plume que le vent chasse et pourchasse entre nous deux ? D'ailleurs, tu ne peux pas m'avoir offensé de nouveau. » — « Il n'est que trop vrai ! répondit l'archer, si toutefois c'est offenser mon prince que de le tromper à son avantage. Le cor que vous avez entendu n'est pas celui de Malvoisin ; c'est par mon ordre qu'on l'a sonné pour faire cesser un banquet qui usurpait sur des momens trop chers pour qu'on en abusât. »

Il se releva, et croisant ses mains sur sa poitrine d'un air plutôt respecteux que soumis, il attendit la réponse du roi comme quelqu'un qui sait qu'il a pu commettre une offense, mais qui se sent fort de sa louable intention. La colère fit monter le sang aux joues de Richard, mais ce ne fut qu'une émotion passagère ; le sentiment de la justice l'eut bientôt remplacée. « Le roi de Sherwood, dit-il, est avare de son gibier et de son vin pour le roi d'Angleterre ! C'est bien, brave Robin ; mais quand vous viendrez me voir dans notre joyeuse ville de Londres, je ne serai pas un hôte aussi économe. Tu as raison, mon brave ami... Vite à cheval, et partons. Aussi bien Wilfrid est impatient depuis une heure. Dis-moi, brave Robin, as-tu un ami dans ta troupe, qui, non content de te donner des avis, veuille encore diriger jusqu'à tes mouvemens, et ne soit pas content quand tu veux faire ta volonté plutôt que la sienne ? » — « Tel est mon lieutenant Petit-

Jean, dit Robin, il est maintenant en expédition sur la terre d'Écosse, et j'avoue que je suis quelquefois contrarié de la liberté de ses conseils ; mais, après avoir un peu réfléchi, je ne puis garder de rancune contre celui qui n'a d'autre motif d'inquiétude que l'intérêt de son maître. » — « Tu as raison, brave archer, dit Richard, et si j'avais d'un côté Ivanhoe pour me donner de graves avis et les recommander par la triste gravité de son front, et toi de l'autre pour me forcer par la ruse à faire ce que tu croirais m'être avantageux, je serais aussi peu maître de ma volonté qu'aucun roi de la chrétienté ou du paganisme. Mais, allons, messieurs, partons gaiement pour Coningsburgh et n'y pensons plus. »

Robin-Hood lui assura qu'il avait envoyé un parti en avant sur le chemin qu'il devait traverser ; que s'il existait quelque embuscade, il ne manquerait pas de la découvrir, et qu'il le préviendrait : de sorte qu'il ne doutait pas que la route ne fût sûre, et que dans tous les cas il en aurait avis à temps, afin qu'il attendît une forte troupe d'archers qu'il se proposait de conduire lui-même sur la même route. Ces sages et prudentes dispositions qu'on prenait pour sa sûreté touchèrent sensiblement Richard, et effacèrent entièrement tout souvenir de la petite ruse du capitaine braconnier. Il lui tendit encore une fois la main, l'assura de son pardon et de sa faveur future, ainsi que de la ferme résolution de restreindre les droits tyranniques de la chasse, en changeant des lois trop rigoureuses qui avaient poussé tant d'archers anglais à la rébellion. Mais la mort prématurée de Richard rendit nulles ses bonnes intentions, et l'on arracha des mains de Jean la charte des forêts, quand il succéda à son vaillant frère. Le reste de la vie de Robin-Hood, ainsi que l'histoire de la trahison dont il fut victime, tout cela se retrouvait dans ces petits livres qu'on payait jadis un sou, et qui sont maintenant à bon marché, lors même qu'on en donne leur pesant d'or.

Le proscrit avait dit vrai, et le roi suivi d'Ivanhoe, de Gurth et de Wamba, arriva sans nul accident devant Coningsburg avant le coucher du soleil. Il existe en Angleterre peu de vues plus belles et plus imposantes que celles du voisinage de cette antique forteresse saxonne. La rivière paisible du Don traverse un amphithéâtre dans lequel les plaines sont richement entrecoupées de collines et de bois; il est sur une montagne qui s'élève non loin de la rivière qu'on aperçoit. Cet ancien édifice, environné de murailles et de tranchées, ainsi que l'indique son nom saxon, servait avant la conquête d'habitation aux rois d'Angleterre : les murs extérieurs semblent avoir été construits par les Normands, mais le donjon porte l'empreinte d'une haute antiquité. Il est situé sur une côte dans un angle de la cour intérieure, et forme un cercle complet d'environ vingt-cinq pieds de diamètre; le mur est d'une épaisseur énorme, et est soutenu par six arcs-boutans qui partent de la demi-lune, et flanquent la tour qu'ils paraissent supporter. Les arcs-boutans massifs sont creux vers le sommet, et se terminent par des espèces de tourelles qui communiquent avec l'intérieur de la tour même. Vu à une certaine distance, cet énorme édifice avec son bizarre entourage offre autant de charmes aux yeux d'un amateur du pittoresque, que l'intérieur du château présente d'intérêt à l'antiquaire avide dont l'imagination se transporte aux temps de l'heptarchie. On montre dans le voisinage du château un monticule qui passe pour être le tombeau du célèbre Hengist. D'autres monumens de la plus grande antiquité, et tous dignes de curiosité, existent dans le cimetière voisin.

Quand Richard Cœur-de-Lion et sa suite approchèrent de cet édifice, d'une architecture grossière mais imposante, il n'était pas comme aujourd'hui entouré de fortifications extérieures ; l'architecte saxon avait épuisé son art pour défendre la tour principale : le reste ne consistait qu'en une barrière de palissades.

Une énorme bannière noire, qui flottait au sommet d'une tour, annonçait qu'on était encore occupé à célébrer les obsèques de son dernier maître ; elle ne portait aucun emblème de la qualité ni du rang du défunt : car les armoiries étaient encore très nouvelles parmi les chevaliers normands, et tout-à-fait inconnues des Saxons; mais au dessus de la grille on voyait une autre bannière qui portait la figure grossièrement peinte d'un cheval blanc, indiquant la nation et le rang du défunt par le symbole bien connu de Hengist et de ses guerriers. Les environs du château offraient une scène animée : car à cette époque d'hospitalité des banquets funéraires préparés en grand nombre, invitaient à s'y asseoir quiconque se présentait, puisque non seulement les parens les plus éloignés, mais encore tous les passans avaient droit d'y prendre part. Les richesses et la grandeur d'ame d'Athelstane décédé faisaient qu'on observait cette coutume dans toute sa plénitude.

On voyait donc des troupes nombreuses monter et descendre la colline sur laquelle le château était situé; et quand le roi et sa suite pénétrèrent dans les barrières ouvertes et sans garde, ils furent témoins d'une scène qui ne s'accordait guère avec la cause de ce rassemblement: d'un côté, c'étaient des cuisiniers occupés à faire rôtir des bœufs énormes et des moutons gras;

de l'autre, des muids d'ale ou bierre étaient placés à la disposition de tous les arrivans. On voyait des groupes de toute espèce dévorant les alimens et buvant la liqueur qu'on abandonnait à leur discrétion : le serf saxon, à moitié nu, oubliait sa demi-année de faim et de soif dans une journée de voracité et d'ivresse ; le bourgeois, mieux nourri, choisissait son morceau et discutait sur le talent du brasseur et la qualité de la boisson ; quelques uns des plus pauvres parmi la noblesse normande se faisaient aussi reconnaître à leur menton ras et à leurs casaques écourtées autant qu'à l'affectation qu'ils mettaient à se tenir ensemble, jetant de temps en temps un œil de mépris sur la cérémonie, tout en daignant prendre leur part de tant de libéralité.

Les mendians, bien entendu, y étaient par centaines, parmi lesquels on distinguait quelques soldats errans qui se disaient arriver de la Palestine. Des colporteurs offraient leurs marchandises, des ouvriers demandaient de l'ouvrage, des pèlerins vagabonds, des prêtres de toute sorte, des ménestrels saxons, des bardes errans du pays de Galles, murmuraient des prières et arrachaient quelque hymne de leurs harpes et autres instrumens. L'un dans un panégyrique lamentable faisait entendre les louanges d'Athelstane, un autre dans un long poème généalogique en vers saxons, citait les noms durs et désagréables de ses nobles ancêtres. Les jongleurs, les bouffons, ne manquaient pas, et la cause de cette réunion ne paraissait pas devoir interrompre l'exercice de leur profession : au fait, les idées des Saxons sur ce sujet étaient aussi naturelles que grossières ; si le chagrin altérait, il fallait boire ; s'il affamait, il fallait manger ; s'il attristait, il fallait s'égayer, ou au moins se distraire. Les assistans ne manquaient pas de profiter de tous ces moyens de consolation ; seulement de temps à autre comme s'ils se fussent rappelé la cause de leur réunion, les hommes poussaient des gémissemens, et les femmes qui étaient en grand nombre élevaient la voix pour imiter des cris de douleur.

Telle était la scène qui se passait dans la

cour du château de Coninsgburgh au moment où Richard y arrivait avec sa suite. Le sénéchal, qui ne daignait pas s'occuper des hôtes subalternes qui entraient et sortaient continuellement, fut frappé du maintien du monarque et d'Ivanhoe, surtout il lui semblait que les traits de ce dernier lui étaient connus. D'ailleurs la présence de deux chevaliers, car tel l'indiquait leur costume, était un événement assez rare dans une solennité Saxonne, pour être considéré comme un honneur rendu au défunt et à sa famille. Dans son habit de deuil et tenant à la main la baguette blanche, marque de son office, l'important personnage fit ranger les convives de toute classe, conduisant ainsi Richard et Ivanhoe jusqu'à l'entrée de la tour: Gurth et Wamba y eurent bientôt trouvé des connaissances, et ne se permirent pas d'avancer plus loin jusqu'à ce que leur présence devînt nécessaire.

CHAPITRE XLII.

« Je les vis suivre le corps de Marcello, et il y avait
« une mélodie solennelle dans les chants, les larmes
« et les élégies, comme on en remarque au lit de mort
« des grands. »   *Ancienne comédie.*

La manière d'entrer dans la grande tour du château de Coningsburgh est toute particulière et tient de la rustique simplicité des temps reculés où fut construit cet édifice. Les marches raides et étroites conduisent à une petite porte du côté du sud, par laquelle l'antiquaire explorateur peut encore, ou du moins pouvait, il y a peu d'années, gagner un escalier pratiqué dans l'épaisseur du gros mur de la tour et conduisant au troisième étage; car les deux premiers n'étaient que des donjons ou cachots qui ne recevaient ni air, ni jour, si ce n'est par un trou carré dans le troisième étage, d'où il paraît que l'on communiquait avec une échelle. On montait aux appartemens supérieurs, c'est-à-dire au quatrième ou dernier étage, par des escaliers pratiqués dans les arcs-boutans extérieurs.

Ce fut par cette entrée difficile et compliquée que le bon roi Richard suivi de son fidèle Ivanhoe pénétra dans la grande salle en rotonde, formant la totalité du troisième étage. Le dernier eut le temps de se couvrir la figure avec son manteau, comme il avait été convenu, afin de ne se faire reconnaître de son père que lorsque le roi lui en donnerait le signal.

Là se trouvaient rassemblés autour d'une grande table en bois de chêne environ douze représentans les plus distingués des familles saxonnes des contrées adjacentes ; tous vieillards ou du moins hommes mûrs ; car la plupart des jeunes gens, au grand déplaisir de leurs pères, avaient, comme Ivanhoe, rompu les barrières qui séparaient depuis un demi-siècle les Normands vainqueurs des Saxons vaincus. L'air grave et triste de ces hommes vénérables, leur silence étudié, formait un contraste frappant avec le bruit des orgies qu'on célébrait dans la cour extérieure. Leurs cheveux blancs, leur longue barbe, leur tunique modelée sur des coutumes antiques, et leurs grands manteaux noirs, avaient une singulière analogie avec le lieu dans lequel ils se trouvaient, et leur donnaient l'air d'une troupe des adorateurs de Wodin, rappelés à la vie pour pleurer la décadence de leur gloire nationale.

Cedric, assis sur le même rang que ses compatriotes, semblait néanmoins, par un consentement unanime, agir comme chef de l'assemblée. A l'aspect de Richard, qu'il ne connaissait que sous le nom de valeureux chevalier du cadenas, il se leva gravement et le salua suivant l'usage des Saxons, en prononçant les mots de *waes hael*, votre santé, et en levant en même temps une coupe à la hauteur de sa tête. Le roi qui n'ignorait pas les usages de ses sujets anglais, répondit au salut par les mots *drink hael*, je bois à votre santé, et il prit la coupe que lui offrit l'échanson. Cedric usa de la même courtoisie envers Ivanhoe, qui répondit à son père en inclinant seulement la tête, de peur que sa voix ne le fît reconnaître.

Lorsque fut terminée cette cérémonie préliminaire, Cedric se leva, et présentant sa main à Richard le conduisit dans une petite chapelle rustique près d'un des arcs-boutans. Comme il n'y avait d'autre ouverture qu'une étroite barbacane, le lieu eût été environné de ténèbres, si deux grossiers flambeaux n'y eussent répandu un peu de lumière au milieu d'un nuage de fumée, et à l'aide de laquelle on apercevait un toit formé en voûte, des murailles nues, un petit autel en pierres non polies, et un crucifix également en pierre.

Devant cet autel était placée une bière, à chaque côté de laquelle on voyait trois prêtres à genoux, un chapelet à la main, et qui murmuraient des prières avec tous les signes de la plus grande dévotion extérieure. C'étaient des moines du couvent de Saint-Edmond, en faveur desquels la mère du défunt avait fait un legs considérable, en échange de prières promises par eux pour le repos de l'ame de son fils Athelstane. Aussi presque tout le couvent se trouvait là réuni, excepté le frère sacristain, vu qu'il était boiteux. Les moines se relevaient d'heure en heure autour de la bière, et pendant que six d'entre eux priaient, les autres se livraient dans la cour aux sensualités de la gastronomie. En exerçant cette pieuse garde, les bons moines avaient bien soin de ne pas interrompre leurs hymnes un seul instant, de peur que Zernebock, l'ancien appollyon, ou démon des Saxons, ne saisît ce moment pour s'emparer de l'ame du pauvre Athelstane. Ils ne veillaient pas moins à ce qu'aucun laïque ne s'avisât de toucher au poêle qui couvrait la bière, lequel ayant été employé aux funérailles de Saint-Edmond, se fût trouvé profané par un semblable attouchement. Si toutes ces attentions dévotes pouvaient être de quelque utilité au défunt, il avait droit de les attendre des moines de Saint-Edmond, puisque outre cent marcs d'or que sa mère leur avait payés pour la rançon de l'ame de son fils, elle avait annoncé l'intention de laisser après le décès de ce dernier tous ses biens à ce couvent, pour assurer à son fils, à son mari et à elle-même des prières perpétuelles.

Richard et Wilfrid suivirent le saxon Cedric dans la chambre du mort, où, comme leur guide leur indiquait d'un air solennel la bière d'Athelstane moissonné avant le temps, ils suivirent son exemple en s'agenouillant et en faisant le signe de la croix, et une courte prière pour le repos de l'ame du défunt.

Cet acte de pieuse charité accompli, Cedric leur fit signe de le suivre, et montant quelques marches d'un pas grave et sans bruit, il ouvrit avec une grande précaution la porte d'un petit oratoire adjacent à la chapelle. C'était une pièce carrée d'environ huit pieds, éclairée par deux barbacanes, où descendaient alors les derniers rayons du soleil couchant, qui leur firent apercevoir une femme dont la figure respectable offrait encore des traces de sa première beauté. Sa longue robe de deuil et son voile flottant de crêpe noir relevaient la blancheur de sa peau, et la beauté de sa chevelure aux tresses d'or, où le temps n'avait pu encore mêler son empreinte argentée. Sa contenance exprimait le plus profond chagrin, uni pourtant à la résignation. Sur une table de pierre, devant elle, on voyait un crucifix en ivoire, et un missel dont les marges étaient richement enluminées et ornées d'agrafes d'argent avec les coins de même métal.

« Noble Edith, dit le Saxon Cedric après avoir gardé un moment le silence, comme pour donner à Richard et à Wilfrid le temps de considérer la dame de ce château, voilà de dignes étrangers qui viennent prendre part à tes chagrins, et celui-ci spécialement est le vaillant chevalier qui combattit si vaillamment pour la délivrance de celui que nous pleurons en ce jour. »

« Je prie sa valeur d'agréer mes remerciemens, répondit la dame, quoiqu'il ait plu à Dieu que cette valeur ne pût sauver mon fils ; je remercie également l'étranger et son compagnon de la courtoisie qui les a portés à visiter la veuve d'Adeling, la mère d'Athelstane dans un moment de deuil et de lamentations. En remettant ces hôtes à vos soins hospitaliers, mon digne parent, je suis certaine qu'ils seront bien accueillis dans cette demeure. »

Les deux hôtes saluèrent humblement la mère affligée, et ils se retirèrent avec leur guide. Celui-ci les fit monter par un escalier tournant dans un autre appartement au dessus de la chapelle et de même grandeur. Avant que la porte fût ouverte, un chant mélancolique et lent se fit entendre. C'était un hymne que lady Rowena et trois autres jeunes filles chantaient pour le repos de l'ame du défunt. En voici quelques strophes, les seules qui aient été conservées :

L'homme n'est que poussière,
Dans l'horreur des tombeaux
Sa dépouille grossière
Va terminer ses maux,
Et nourrir dans la bière
L'avide fourmilière
Des rampans vermisseaux,

Ton ame est envolée
En des lieux inconnus,
Et sera consolée
Au sejour des vertus;
Elle oubliera ses peines
Et les terrestres haines
Au milieu des élus.

Par ta grace, ô Marie!
Abrége notre vie
Qu'assiégent les tourmens;
Jusqu'à ce que l'aumône,
Et quelques vœux fervens,
Nous gagnent la couronne
Qu'à leur trépas Dieu donne
Aux vertueux vivans,

Tandis que l'on chantait cet hymne à voix demi-basse et triste, Cedric s'avança, et les deux autres se trouvèrent devant une vingtaine de jeunes Saxonnes appartenant à d'illustres familles, et dont les unes travaillaient à broder, autant que leur habileté et leur goût le permettaient, un grand poêle de soie destiné à couvrir le cercueil d'Athelstane, pendant que les autres, recueillant des fleurs dans des paniers placés devant elles, en formaient des guirlandes de deuil. L'extérieur de ces jeunes filles était décent, s'il n'annonçait pas une profonde affliction : parfois un chuchotement, ou un sourire attirait à quelques unes la réprimande de matrones plus graves ; et quelques autres semblaient plus attentives à examiner leurs guirlandes qu'à réfléchir sur cette pompe funéraire. Enfin, si nous devons dire toute la vérité, la venue de deux étrangers causa des distractions à ces belles Saxonnes, qui jetèrent sur eux plus d'une œillade à la dérobée. Lady Rowena, trop fière pour être vaine, les salua d'un air imposant et gracieux à la fois. Sa physionomie était sérieuse sans annoncer l'abattement; il peut se faire que la jeune Saxone eût une tristesse profonde, mais alors il est probable que l'incertitude où elle était sur le destin d'Ivanhoe n'y avait pas moins de part que la mort d'Athelstane son parent.

Quant à Cedric, dont l'esprit n'était pas toujours bien clairvoyant, il crut lire cependant sur la figure de sa pupille un chagrin plus grand que sur celle de ses autres compagnes, et il jugea convenable d'en expliquer la cause aux deux étrangers, en leur disant que sa main avait été promise au noble Athelstane. Il est probable qu'une pareille confidence n'augmenta point l'affliction de Wilfrid à l'égard du deuil que célébrait Cedric.

Ayant ainsi introduit en forme ses hôtes dans les divers appartemens où l'on célébrait les obsèques d'Athelstane, Cedric les conduisit dans une salle destinée, comme il le déclara, aux personnes de distinction qui assisteraient à ces funérailles, et qui n'ayant eu que de légères liaisons avec le défunt, ne pouvaient naturellement manifester le même regret que ses parens et ses amis. Il les assura qu'on ne leur laisserait manquer de rien, et il était au moment de se retirer quand le chevalier noir le retint par la main.

« Je désire vous rappeler, noble thane, lui dit-il, que lorsque nous nous séparâmes dernièrement, vous me promîtes de m'accorder une faveur en reconnaissance du service que j'avais eu l'avantage de vous rendre. » — « Il est accordé d'avance, noble chevalier, dit Cedric, quoique dans un moment si triste.... » — « J'y ai de même pensé, dit le roi ; mais le temps presse, et l'occasion ne me semble pas si mal choisie qu'on pourrait le croire....; car en fermant la tombe du noble Athelstane, nous devrions y déposer certains préjugés et de certaines opinions. » — « Sire chevalier du cadenas, répondit Cedric le visage coloré de honte, et en interrompant le monarque à son tour, je me flatte que le don que vous avez à réclamer de moi vous regarde, et personne autre ; car en ce qui concerne l'honneur de ma maison, il paraîtrait peu convenable, selon moi, qu'un étranger s'en occupât. »

«Aussi ne veux-je m'en occuper, dit le roi avec douceur, qu'autant que vous me regarderez comme partie intéressée. Jusqu'ici vous ne m'avez connu que sous le nom de chevalier noir ou du cadenas ; reconnaissez maintenant en moi Richard Plantagenet.» — «Richard d'Anjou!» s'écria Cedric en reculant et dans la plus grande surprise. — «Non, noble Cedric, dit le roi, Richard d'Angleterre, dont le plus cher intérêt, le plus ardent désir, est de voir tous ses enfans unis ensemble et ne faisant qu'un seul peuple. Eh bien, noble thane, ton genou ne pliera-t-il point devant ton prince?» — «Jamais il n'a fléchi devant le sang humain,» répondit Cedric.

«Eh bien! réserve ton hommage, dit le monarque, jusqu'à ce que j'aie prouvé que j'y ai des droits par la protection que j'accorderai aux Normands et aux Anglais.» — «Prince, répliqua Cedric, j'ai toujours rendu justice à ta bravoure et à ton mérite. Je n'ignore pas non plus tes droits à la couronne, comme descendant de Mathilde, nièce d'Edgar Atheling, et fille de Malcolm d'Écosse. Mais Mathilde, quoique du sang royal saxon, n'était pas héritière de la monarchie.»

«Je ne veux pas discuter mon titre avec toi, noble thane, dit Richard; mais jette les yeux autour de toi, et dis-moi si tu en vois quelque autre qui puisse être mis dans la balance avec le mien.» — «Et tes pas errans t'ont-ils donc conduit jusqu'ici, prince, pour me parler ainsi? dit Cedric. Me reprocher la ruine de ma race avant que la tombe se soit fermée sur le dernier rejeton de la royauté saxonne.» Sa figure s'animait à mesure qu'il parlait. « C'est un acte d'audace!.. de témérité!» — «Non, par la sainte croix! répliqua le roi, j'ai agi avec cette confiance franche qu'un homme brave peut mettre dans un autre, sans l'ombre la plus légère de danger.»

«Tu dis bien, sire roi, dit Cedric, car roi je te reconnais, et roi tu seras, en dépit de ma faible opposition. Je n'ose employer le seul moyen que j'aurais de l'empêcher, quoique tu m'aies donné une forte tentation d'en faire usage, et que ce moyen soit à ma portée.»

«Parlons maintenant, dit le roi, du don

que j'ai à te demander, et que je ne te demanderai pas avec moins de confiance, quoique tu aies contesté la légitimité de ma souveraineté. Je requiers de toi, comme homme qui gardes ta parole sous peine d'être tenu pour un homme sans foi, parjure et *nidering*, de pardonner et rendre ton affection paternelle au brave chevalier Wilfrid d'Ivanhoe. Tu conviendras que j'ai un grand intérêt dans cette réconciliation, celui du bonheur de mon ami, celui de mettre fin à toute dissension entre mes fidèles et loyaux sujets.»

«Et c'est là Wilfrid,» dit Cedric en tendant la main à son fils.—«Mon père! mon père! dit Ivanhoe en se jetant aux pieds de Cedric, accorde-moi ton pardon.»

«Tu l'as, mon fils, dit Cedric en le relevant. Le fils d'Hereward sait tenir sa parole, même quand il l'a donnée à un Normand. Mais je voudrais te voir prendre les vêtemens et le costume de tes ancêtres anglais; point de manteaux courts, de bonnets bizarres, de plumes fantastiques, dans ma maison, où je ne veux voir que la décence. Celui qui veut être le fils de Cedric doit se montrer le descendant d'ancêtres anglais. Tu voudrais me parler, ajouta-t-il en prenant un air grave, mais je devine le sujet. Lady Rowena doit porter le deuil pendant deux ans, comme si elle eût été fiancée à l'époux qui lui était destiné. Tous nos ancêtres saxons nous désavoueraient si nous songions à une nouvelle union avant que la tombe de celui auquel elle devait donner sa main, de celui qui, par sa naissance et par ses aïeux, était le plus digne d'elle, soit irrévocablement fermée. L'ombre d'Athelstane lui-même briserait son cercueil encore humide de son sang, et apparaîtrait devant nous pour nous défendre de déshonorer ainsi sa mémoire.»

On eût dit que les dernières paroles de Cedric avaient conjuré un spectre; car à peine les eut-il prononcées que la porte s'ouvrit et qu'Athelstane, couvert des enveloppes d'un mort, se présenta devant eux, le visage pâle, les yeux hagards et comme une ombre qui sort du tombeau.

L'effet que cette apparition produisit sur les personnages présens fut épouvantable au delà de toute expression. Cedric recula jusqu'à ce que le mur de l'appartement ne lui permît pas d'aller plus loin; et s'y appuyant, comme ne pouvant plus se soutenir, porta ses regards sur la figure de son ami, dont les yeux paraissaient fixes et la bouche incapable de se fermer. Ivanhoe faisait des signes de croix, récitait des prières en saxon, en latin, en français, suivant que sa mémoire les lui fournissait, pendant que Richard disait *Benedicite*, et jurait *Mort de ma vie!*

En même temps on entendit un bruit horrible qui se faisait dans les appartemens inférieurs de la maison. Les uns criaient : «Saisissez ces traîtres de moines;» d'autres : «Jetez-les dans le cachot;» d'autres enfin : «Précipitez-les du haut des murailles.» — «Au nom de Dieu! dit Cedric s'adressant à celui qui lui semblait être le spectre de son ami mort, si tu es encore mortel, parle; si tu es une âme séparée de son corps, dis-moi pourquoi tu viens visiter de nouveau cette terre, et si je puis faire quelque chose pour ton repos. Vivant ou mort, noble Athelstane, parle à Cedric.»

«Je parlerai, dit le spectre d'un ton

calme, lorsque j'aurai repris haleine et que vous m'en donnerez le temps. Vivant, dis-tu? Je le suis autant que peut l'être celui qui a été nourri de pain et d'eau pendant trois jours, qui m'ont paru trois siècles. Oui, de pain et d'eau, père Cedric. Par le ciel et par les saints qui s'y trouvent, meilleure nourriture n'a pas passé par mon gosier pendant trois grands jours, et c'est par un coup de la Providence que je suis ici pour vous le dire.» — «Mais, noble Athelstane, dit le chevalier noir, je vous ai vu moi-même renversé par le farouche templier vers la fin de l'assaut donné à Torquilstone; et comme je l'ai cru et comme Wamba l'a rapporté, vous aviez eu la tête fendue jusqu'aux dents.»

«Vous avez mal cru, sire chevalier, dit Athelstane, et Wamba a menti. Mes dents sont en bon ordre, et je vous en donnerai la preuve tout à l'heure en soupant. Toutefois ce n'est pas grace au templier, dont l'épée tourna dans sa main de manière que je ne fus frappé que du plat. Si j'avais eu mon casque d'acier sur la tête, je n'y aurais pas plus fait attention qu'à une paille, et je lui aurais appliqué une riposte qui lui aurait ôté tout espoir d'effectuer sa retraite. Mais enfin je fus renversé, étourdi à la vérité, mais non blessé. D'autres, tant de l'un que de l'autre parti, furent renversés et tués sur moi, en sorte que je ne repris mes sens que lorsque je me trouvai dans un cercueil qui, fort heureusement pour moi, était ouvert, placé devant l'autel de l'église de Saint-Edmond. J'éternuai plusieurs fois, je soupirai, je gémis, je m'éveillai, et j'étais au moment de me lever, lorsque le sacristain et l'abbé, tout pleins de terreur, accoururent au bruit, surpris sans doute, mais nullement satisfaits, de voir vivant un homme dont ils avaient espéré être eux-mêmes les héritiers. Je demandai du vin : on m'en donna ; mais il avait sans doute été fortement drogué, car je m'endormis encore plus profondément qu'auparavant, et je ne me réveillai qu'au bout de plusieurs heures. Mes bras étaient étendus et enveloppés, mes pieds si fortement liés, que les chevilles m'en font mal seulement d'y penser ; le lieu complétement noir, les oubliettes, je m'imagine, de ce maudit couvent, et, comme me le fit conjecturer l'odeur cadavéreuse, humide, étouffante, un caveau, un lieu de sépulture. Je me faisais déja d'étranges idées sur ce qui venait de m'arriver, lorsque la porte de mon affreux donjon tourna en criant sur ses gonds, et je vis entrer deux scélérats de moines. Ne voulaient-ils pas me persuader que j'étais en purgatoire? Mais je connaissais trop bien la voix poussive, la respiration courte, du père abbé. Saint Jérémie! quelle différence de ce ton à celui avec lequel il me demandait une autre tranche de venaison! Ce chien-là a fait bombance avec moi depuis Noël jusqu'aux Rois.»

«Patience, noble Athelstane, dit le roi, reprenez haleine ; racontez votre histoire à loisir; sur mon honneur, le récit de cette histoire est aussi intéressant que la lecture d'un roman.»—«C'est possible, dit Athelstane, mais, par la croix de Bromeholm, il ne s'agit pas ici de roman. Un pain d'orge et une cruche d'eau, voilà tout ce qu'ils m'ont donné, ces vilains scélérats que mon père et que moi-même avons enrichis, dans un temps où ils n'avaient pour toute ressource que les tranches de lard et les mesures de grain que, par leurs cajoleries, ils ont obtenues de pauvres et misérables serfs en échange de leurs prières. Repaire infame de sales, ingrates, abominables vipères! un pain d'orge et une cruche d'eau pour moi, pour un bienfaiteur tel que moi! Mais je les enfermerai dans leur tanière, dussé-je être excommunié. » — «Mais, au nom de la sainte Vierge, noble Athelstane, dit Cedric, saisissant la main de son ami, comment es-tu échappé à ce péril imminent? Leurs cœurs se sont-ils laissé toucher?»

«Toucher! répéta Athelstane; le soleil peut-il fondre les rochers? J'y serais encore sans un mouvement dans le couvent, occasionné, à ce que je vois, par la procession des moines qui venaient pour assister au repas des funérailles, tandis qu'il savaient fort bien où et comment ils m'avaient enterré tout vivant. J'entendis le chant rauque de leurs psaumes, ne me doutant guère qu'ils étaient occupés à prier pour le repos de l'ame de celui qu'ils faisaient mourir de faim. Ils partirent cependant, et j'attendis long-temps un renouvellement de nourriture, ce qui n'était pas fort étonnant parce que le goutteux sacristain s'occupait plus de sa cuisine que de la mienne. Il arriva enfin d'un pas chancelant, et exhalant autour de sa personne une forte odeur de vin et d'épices. La bonne chère avait attendri son cœur, car, au lieu de ma précédente provision, il me laissa une tranche de pâté et un flacon de vin. Je mangeai, je bus et me sentis fortifié ; et pour surcroît de bonheur, le sacristain, trop vieux pour remplir convenablement les devoirs de sa place, ferma la porte à clef, à la vérité, mais de manière que le pêne resta en dehors de la gâche, et que la porte resta entr'ouverte. La lumière, la nourriture, le vin, stimulèrent mon invention. L'anneau auquel mes chaînes étaient attachées était plus rouillé que le scélérat d'abbé ni moi-même n'avions supposé, car le fer même ne pouvait résister à l'action de l'humidité dans ce donjon infernal. »

« Reprends haleine, noble Athelstane, dit Richard, et goûte quelques rafraîchis-

semens avant de continuer ta narration. »
— « Rafraîchissemens? dit Athelstane, j'en ai pris cinq fois aujourd'hui, et néanmoins une tranche de cet appétissant jambon ne ferait pas de mal à votre affaire. Voulez-vous bien, beau sire, me faire raison d'un coup de vin?»

Les convives, bien que plongés encore dans le plus grand étonnement, burent à la santé de leur ami ressuscité, qui continua son récit. Ses auditeurs étaient maintenant plus nombreux que lorsqu'il avait commencé; car Édith, qui avait donné quelques ordres nécessaires pour arranger le château, avait suivi le mort-vivant jusqu'à l'appartement destiné aux étrangers, suivi du nombre de personnes, tant hommes que femmes, que la chambre avait pu contenir; tandis que d'autres, se pressant en foule sur l'escalier, recevaient une édition fautive de l'histoire, et la transmettaient encore plus inexactement à ceux qui étaient plus bas, lesquels la faisaient passer à la foule qui se trouvait au dehors, de manière à rendre le fait réellement méconnaissable.

Athelstane reprit ainsi le fil de sa narration : « Voyant que ma chaîne ne tenait plus à l'anneau, je me traînai au haut de l'escalier aussi bien que le peut un homme chargé de fers et affaibli par le jeûne ; et après avoir marché long-temps à tâtons, le chant d'un gai couplet dirigea mes pas jusque dans un appartement où le digne sacristain, sauf respect, était occupé à dire la messe du diable avec un gros frère en froc et en capuchon, un drôle à larges épaules, qui avait plutôt l'air d'un voleur que d'un homme d'église. Je me précipitai au milieu d'eux ; et le linceul qui me couvrait, et le bruit que faisaient mes chaînes en s'entrechoquant, me firent paraître plutôt comme un habitant de l'autre monde que de celui-ci. Tous les deux restèrent pétrifiés : mais lorsque j'eus renversé le sacristain d'un coup de poing, son compagnon m'allongea un coup d'un énorme bâton. »

« Je parierais la rançon d'un comte, dit Richard, que c'était notre frère Truck. » — « Qu'il soit le diable s'il veut, dit Athelstane ; toujours est-il que fort heureusement il manqua son coup, et que, lorsque je m'approchai pour lutter avec lui, il s'enfuit à toutes jambes. Je ne perdis pas de temps à débarrasser les miennes au moyen de la clef du cadenas que je trouvai parmi celles du trousseau du sacristain: j'avais même quelque envie de lui casser la tête avec le paquet de clefs; mais le souvenir de la tranche de pâté et du flacon de vin que le drôle m'avait donnés dans mon cachot vint attendrir mon cœur, et, me contentant de lui allonger deux bons coups de pied, je le laissai étendu sur le plancher. Je mangeai un morceau de viande et bus quelques verres de vin faisant partie du régal que les deux vénérables frères avaient préparé. J'allai à l'écurie où je trouvai, dans un endroit séparé, un de mes meilleurs palefrois destiné probablement à l'usage particulier du père abbé. Je suis venu ici de toute la vitesse de mon cheval, hommes et femmes fuyant devant moi partout où je passais, me prenant pour un spectre, d'autant plus que, pour ne pas être reconnu, j'avais fait retomber le linceul sur mon visage. Je n'aurais même pu entrer dans mon propre château, si l'on ne m'eût pris pour le pierrot d'un jongleur, qui amuse la foule dans la cour du château, à l'occasion des funérailles de son seigneur. Le concierge a sans doute cru, d'après mon costume, que je devais jouer un rôle dans la farce du joueur de gobelets, et il m'a laissé entrer. Je n'ai fait que me découvrir à ma mère, manger un morceau à la hâte, et je suis venu vous chercher, mon noble ami. »

«Et vous m'avez trouvé, dit Cedric, prêt à reprendre notre noble projet de recouvrer l'honneur et la liberté. Je te dis que jamais jour plus favorable que celui de demain ne se lèvera pour délivrer la race saxonne.» — « Ne me parle pas de délivrer qui que ce soit, dit Anthelstane ; c'est bien assez que je me sois délivré moi-même. Ce qui m'occupe davantage, c'est de punir ce scélérat d'abbé. Je veux le faire pendre au haut du château de Coningsburgh avec sa chape et son étole ; et si l'escalier est trop étroit pour laisser passer son énorme panse, je le ferai hisser au moyen d'une corde et d'une poulie.»—«Mais, mon fils, dit Édith, considère son sacré caractère.»

« Considérez mes trois jours de jeûne, répliqua Athelstane. Je veux qu'ils périssent tous, pas un d'excepté. Front-de-Bœuf a été brûlé vif pour un moindre sujet. Du moins, il tenait bonne table pour ses prisonniers ; seulement il y avait trop d'ail dans le dernier plat de potage. Mais ces hypocrites, ingrats coquins, flatteurs parasites, qui sont venus si souvent s'asseoir à ma table sans y être invités, qui ne m'ont donné ni potage, ni ail ! par l'ame d'Hengist, ils périront. »

« Mais le pape, mon noble ami, dit Cedric... — « Mais le diable, mon noble ami, répondit Althelstane... Ils mourront, et il n'en sera plus question. Quand ils seraient les meilleurs de la terre, le monde ira tout aussi bien sans eux. » — « Fi ! noble Athelstane, dit Cedric ; oublie ces misérables dans un moment où une carrière de gloire s'ouvre devant toi. Dis à ce prince normand, Richard d'Anjou, que tout Cœur-de-Lion qu'il est, il ne montera pas sur le trône d'Alfred, sans qu'il lui soit disputé, tant qu'il existera un descendant mâle du saint confesseur. »

CHAPITRE XLII.

«Quoi! s'écria Athelstane, est-ce là le noble roi Richard?» — «C'est Richard Plantagenet lui-même, dit Cedric; néanmoins je n'ai pas besoin de te rappeler qu'étant venu ici de sa libre volonté, tu ne peux lui faire aucun mal, ni le retenir prisonnier. Tu sais fort bien quel est ton devoir envers lui comme son hôte.»

«Oui, par ma foi, dit Athelstane, et mon devoir comme son sujet en outre; car me voici prêt à lui rendre foi et hommage, de mon cœur et de ma main.»— «Mon fils, dit Édith, songe à tes droits.» — «Songe à la liberté de l'Angleterre, prince dégénéré, dit Cedric.» — «Ma mère, mon ami, dit Athelstane, trève, je vous prie, de représentations. Du pain et de l'eau, et un donjon, sont une puissance merveilleusement efficace pour modifier l'ambition, et je sors du tombeau plus sage que je n'y étais descendu. La moitié de ces vaines folies m'étaient soufflées à l'oreille par le perfide abbé Wolfram, et vous pouvez juger maintenant si c'était là un conseiller bien digne de confiance. Depuis que tous ces complots ont été mis en agitation, je n'ai eu que marches précipitées, indigestions, coups, meurtrissures, emprisonnement et famine; outre que tout cela ne peut s'effectuer que par le massacre de plusieurs milliers de gens qui n'en peuvent mais, et qui sans cela auraient été fort tranquilles. Je vous dis que je veux être roi seulement dans mes propres domaines, et que mon premier acte de souveraineté sera de faire pendre l'abbé.»

«Et ma pupille Rowena, dit Cedric, j'espère que vous n'avez pas l'intention de l'abandonner?» —«Père Cedric, dit Athelstane, soyez raisonnable. Lady Rowena ne veut pas de moi; elle aime le petit doigt du gant de mon cousin Wilfrid plus que ma personne tout entière : la voilà prête à en convenir. Ne rougis pas, ma belle parente; il n'y a pas de honte à préférer un chevalier qui a ses entrées à la cour, à un franklin qui habite les champs. Ah! il ne faut pas rire non plus, Rowena; car, Dieu sait, un costume de mort et un visage amaigri ne sont pas des objets propres à inspirer la gaîté. Au surplus, si tu veux absolument rire, je vais t'en fournir un meilleur sujet.

CHAPITRE XLII.

Donne-moi ta main, ou plutôt prête-la-moi, car je ne te la demande qu'à titre d'amitié. Tiens, cousin Wilfrid d'Ivanhoe, je renonce et j'abjure en ta faveur... Eh bien ! par saint Dunstan, notre cousin Wilfrid s'est éclipsé. Et cependant, à moins que mes yeux ne m'aient fait illusion par suite du long jeûne que j'ai souffert, je l'ai vu là il n'y a qu'un moment. »

Tous les regards se portèrent autour de l'appartement ; on demanda des nouvelles d'Ivanhoe : il avait disparu. On apprit qu'un juif était venu le demander, et qu'après un court entretien il avait demandé Gurth et ses armes, et avait quitté le château.

« Belle cousine, dit Athelstane en s'adressant à Rowena, si je pouvais penser que cette disparition subite d'Ivanhoe ne fût pas occasionnée par les motifs les plus puissans, je reprendrais... »

Mais il n'avait pas plus tôt lâché la main de Rowena, en voyant qu'Ivanhoe avait disparu, que la belle lady, qui trouvait sa situation fort embarrassante, avait profité de cette occasion pour sortir de l'appartement. « Sûrement, dit Athelstane, de tous les êtres qui vivent, les femmes sont ceux à qui on doive le moins se fier, excepté toutefois les abbés et les moines. Je veux être un infidèle, si je ne m'attendais pas à un remerciement de sa part, peut-être même à un baiser pardesssus le marché. Ces maudits vêtemens de mort sont sûrement ensorcelés : tout le monde me fuit. C'est donc à vous que je m'adresse, noble roi Richard, pour vous offrir de nouveau foi et hommage que, comme fidèle sujet...» Mais le roi Richard aussi avait disparu, et personne ne savait où il était allé. A la fin, on apprit qu'il était descendu en toute hâte dans la cour, qu'il avait fait venir le juif qui avait parlé à Ivanhoe, et qu'après un moment d'entretien il avait donné l'ordre de monter tout de suite à cheval, avait sauté lui-même sur le sien, forcé le juif à en prendre un autre, et était parti d'un train qui faisait dire à Wamba qu'il ne donnerait pas un sou de la peau du vieux juif.

«Par tout ce qu'il y a de plus saint! dit Athelstane, il n'est pas possible de douter que Zernebock ne se soit emparé de mon château pendant mon absence. Je reviens enveloppé d'un linceul, gage de la victoire que j'ai remportée sur mon tombeau, et tous ceux à qui je m'adresse disparaissent au seul son de ma voix. Mais tout ce que je dirais ne servirait de rien. Allons, mes amis, tous ceux qui sont restés autour de moi, veuillez me suivre à la salle de banquet, de crainte qu'il n'y ait encore quelque disparition. J'espère que nous trouverons encore le buffet assez bien garni pour célébrer les obsèques d'un noble saxon, et ne restons pas plus long-temps ici; car, qui sait si le diable ne viendrait pas aussi nous enlever notre souper?»

CHAPITRE XLIII.

« Puissent les crimes de Mowbray peser tellement
« sur son cœur, que le dos de son coursier fougueux
« soit rompu, brisé, cassé, et jeter le cavalier, tête la
« première, sur l'arène, comme un lâche poltron. »
SHAKSPEARE.. *Richard II.*

Transportons-nous maintenant à l'extérieur du château ou de la commanderie de Templestowe, vers l'heure à laquelle le sort, ou dé sanglant devait être jeté, pour décider de la vie ou de la mort de Rébecca.

Tout était en émoi, tout était en mouvement. On eût dit que toutes les campagnes environnantes étaient demeurées désertes, et que leurs habitans s'étaient rendus à quelque fête de village, ou à quelque repas champêtre. Mais le plaisir inhumain de contempler le sang et la mort n'est nullement particulier à ces siècles d'ignorance, bien que dans les combats de gladiateurs, dans les duels, dans les tournois, on fût habitué au spectacle barbare de chevaliers renversés les uns par les autres. De même, de nos jours, où la science des mœurs est plus répandue et mieux comprise, l'exécution d'un criminel, un assaut entre deux boxeurs, un tumulte, une assemblée de réformateurs radicaux, attire, non sans un extrême danger de leur part, une foule immense de spectateurs qui n'ont absolument d'autre intérêt dans l'événement que celui de savoir quelle est la marche que l'on a adoptée, et si les héros du jour seront, comme le disent les tailleurs dans leurs insurrections, des pierres à fusil ou des tas de fumier.

Les regards de cette immense multitude

assemblée étaient dirigés sur la porte de la commanderie de Templestowe, afin d'en voir sortir la procession, tandis qu'une foule encore plus nombreuse remplissait déjà les alentours de la lice appartenant à l'établissement. Cet enclos avait été fait sur un terrain adjacent à la commanderie, qu'on avait soigneusement nivelé pour servir aux exercices militaires et aux combats chevaleresques des templiers. Le terrain, qui formait une sorte d'amphithéâtre, était entouré de palissades : et comme les chevaliers étaient bien aises d'avoir des spectateurs de leurs faits d'armes, ils y avaient fait construire des galeries et des banquettes pour la commodité des spectateurs.

Dans la circonstance actuelle on avait placé à l'extrémité orientale un trône destiné au grand-maître, avec des siéges à l'entour pour les commandeurs et les chevaliers de l'ordre. Au dessus flottait l'étendard sacré, appelé *le Baucéan*, qui était l'enseigne de l'ordre, comme son nom était le cri de ralliement.

A l'autre extrémité de la lice s'élevait une pile de fagots, arrangés autour du poteau, profondément enfoncé dans la terre, de manière à laisser un espace pour que la victime destinée à être consumée pût entrer dans le cercle fatal, et être attachée au poteau avec les chaînes qui y étaient suspendues. A côté de cet appareil de mort se tenaient debout quatre esclaves noirs, dont la couleur et les traits africains, alors peu connus en Angleterre, frappaient de terreur la populace, qui les regardait comme des esprits infernaux occupés à leurs exercices diaboliques. Ces quatre hommes restaient immobiles, excepté que de temps en temps celui qui paraissait être leur chef leur donnait l'ordre de changer, ou de déplacer ce qui devait servir d'aliment à la flamme du bûcher. Ils ne regardaient point la multitude, et, dans le fait, ils semblaient ignorer qu'ils eussent des spectateurs, et ne penser à autre chose qu'à s'acquitter de leur devoir; et lorsqu'ils se parlaient les uns aux autres, et qu'ils ouvraient leurs grosses lèvres, faisant voir leurs dents blanches, comme s'ils souriaient déjà à l'idée de la tragédie qui allait avoir lieu, les paysans épouvantés pouvaient à peine s'empêcher de penser qu'ils étaient les esprits familiers avec lesquels la sorcière avait été en commerce, et qui, attendu que le temps de la société était expiré, se tenaient prêts à assister à son châtiment. Ils se parlaient tout bas les uns aux autres, et se racontaient les prouesses que Satan avait faites dans ces temps de trouble et d'agitation, sans manquer, comme on peut bien se l'imaginer, de lui donner plus que son dû.

« N'avez-vous pas entendu dire, père Dennet, dit un paysan à un vieillard, que le diable a emporté le corps du thane saxon Athelstane de Coningsburgh ? » — « Oui, répondit le vieillard, mais aussi il a été obligé de le rapporter, grace à Dieu et à saint Dunstan. »

« Comment cela ? » dit un jeune éveillé vêtu d'un pourpoint vert, brodé en or, et ayant derrière lui un garçon robuste qui portait sa harpe et qui indiquait sa profession. Ce ménestrel paraissait être d'un rang au dessus du vulgaire ; car, outre son vêtement brodé, il avait à son cou une chaîne d'argent, à laquelle était suspendu le *wrest*, ou la clef dont il se servait pour accorder sa harpe. A son bras droit était une plaque d'argent, sur laquelle, au lieu des armes ou de la devise de la famille à laquelle il était attaché, on lisait simplement le mot *Sherwood* qui y était gravé. « Que voulez-vous dire ? » demanda-t-il en se mêlant à la conversation des paysans ; « je suis venu chercher ici un sujet de ballade, je serai charmé d'en trouver deux. »

«C'est un fait bien avéré, dit le vieillard, que quatre semaines après la mort d'Athelstane de Coningsburgh...» — « Cela est impossible, dit le ménestrel, car je l'ai vu bien en vie, à l'assaut d'armes d'Ashby de la Zouche. » — «Mort cependant il était, dit le jeune paysan, et même on en a fait la translation, car j'ai entendu les moines de Saint-Edmond chanter pour lui l'office des morts ; et, en outre, il y a eu, comme de raison, un superbe banquet d'obsèques, et fêtes de funérailles au château de Coningsburgh, et je m'y serais rendu, sans Mabel Parkins, qui...»

«Hélas! oui, dit le vieillard, Athelstane est mort, et c'est un grand malheur, car l'antique sang saxon...» — «Mais votre his-

CHAPITRE XLIII.

toire, mes amis, votre histoire?» dit le ménestrel d'un air d'impatience.

«Oui, oui, raconte-nous cette histoire,» dit un gros moine, appuyé sur une perche qui tenait le milieu entre un bourdon de pèlerin et un gros bâton, et servait probablement, dans l'occasion, aux deux fins; «votre histoire, dit le moine joufflu, ne lambinez point; nous n'avons pas de temps à perdre.»

«Eh bien donc, plaise à votre révérence, dit Dennet; un ivrogne de prêtre vint rendre visite au sacristain de Saint-Edmond...»
—«Il ne plaît pas à ma révérence, répondit l'homme d'église, qu'il existe un animal tel qu'un prêtre ivrogne, ou que, s'il en existait, un laïque se permette d'en parler. Sois honnête, mon ami, et suppose que le saint homme était absorbé dans ses méditations, ce qui rend la tête lourde et les jambes chancelantes, comme si l'estomac était surchargé de vin nouveau; je l'ai éprouvé moi-même.»

«Eh bien donc, reprit le père Dennet, un saint homme vint rendre visite au sacristain de Saint-Edmond; une espèce de prêtre braconnier, qui tue la moitié des daims qui sont volés dans la forêt, qui aime mieux le glouglou de la bouteille que le tintin de la cloche de l'office, et qui préfère une tranche de jambon à dix feuillets de son bréviaire; du reste un bon vivant, un joyeux convive, qui manie un bâton, tend un arc, et danse une ronde aussi bien que qui que ce soit dans l'Yorkshire.»

«Cette dernière phrase, Dennet, dit le ménestrel, t'a sauvé une côte ou deux.»—«Oh! je ne crains rien, dit Dennet; je suis vieux et un peu raide; mais, quand j'ai combattu à Doncaster pour le bélier et sa clochette...»

«Mais l'histoire, ton histoire, mon ami,» répéta le ménestrel.—«Eh bien! l'histoire, la voici, dit Dennet; c'est tout simplement qu'Athelstane de Coningsburgh a été enterré à Saint-Edmond.» — «C'est un mensonge, et un gros mensonge, dit le moine, car je l'ai vu porter à son château de Coningsburgh.»

«Eh bien! racontez donc l'histoire vous-même, dit Dennet, en se tournant d'un air de mauvaise humeur de se voir ainsi contrarié ; et ce ne fut qu'avec beaucoup de peine que son camarade et le ménestrel parvinrent à lui faire reprendre le fil de son histoire. Ces deux frères sobres, puisque le révérend père veut absolument qu'ils le fussent, dit-il, avaient passé une bonne partie de la journée à boire de l'eau, du vin, que sais-je? quand tout à coup ils entendirent un profond gémissement, un grand bruit de chaînes, et le spectre d'Athelstane dans l'appartement en disant : O vous, bergers infidèles... »

« C'est faux, dit le moine en l'interrompant, il n'a rien dit. » — « Oh, oh ! frère Truck, dit le ménestrel en tirant le moine à part, vous venez de lancer un autre lièvre, à ce que je vois. »—« Je dis, Allan-a-date, reprit l'ermite, que j'ai vu Athelstane de Coningsburgh aussi distinctement que les yeux d'un mortel peuvent voir un homme vivant. Il était couvert de son linceul, et exhalait une odeur de sépulcre. Un tonneau de vin des Canaries ne l'effacerait pas de ma mémoire. »

«Bah ! dit le ménestrel, c'est pour te moquer de moi que tu me dis cela. »—« Dis que je suis un menteur, répliqua le moine, s'il n'est pas vrai que je lui ai porté un coup avec mon bâton, qui aurait suffi pour terrasser un bœuf, et que le bâton a pasé à travers son corps comme si c'eût été une colonne de fumée.» — «Par saint Hubert! dit le ménestrel, voilà une histoire bien étonnante, et bien propre à être mise en ballade sur l'air ancien de : *Quel chagrin pour un vieux moine !*»

«Riez, si vous voulez, dit frère Truck; mais si jamais tu m'attrapes à chanter une pareille ballade, je consens qu'un nouveau spectre ou le diable m'emporte avec lui, tête première. Non, non, je pris tout de suite la résolution d'assister à quelque bonne œuvre, comme de voir brûler une sorcière, ou un combat de jugement de Dieu, ou quelque autre acte méritoire.

Tandis qu'ils s'entretenaient ainsi, la grosse cloche de l'église de Saint-Michel de Templestowe, vénérable édifice, situé dans un hameau, à quelque distance de la commanderie, vint mettre fin à leurs discours. Ces sons lugubres parvenaient successivement à l'oreille, ne laissant qu'un intervalle suffisant pour que celui que l'on venait d'entendre se perdît dans le lointain, avant qu'il fût remplacé par un autre. Ce signal solennel, qui annonçait l'approche de la cérémonie, répandit la terreur dans toute l'assemblée, et tous les yeux se tournèrent vers la commanderie, s'attendant à voir paraître le grand-maître, le champion et la criminelle.

Enfin le pont-le-vis se baissa, les portes s'ouvrirent, et un chevalier, portant le grand étendard de l'ordre, sortit du château, précédé de six trompettes, et suivi des chevaliers commandeurs, marchant deux à deux. Venait ensuite le grand-maître, monté sur un superbe cheval, dont le harnais était de la plus grande simplicité. Derrière lui était Brian de Bois-Guilbert, armé de pied en cap, mais néanmoins sans lance, bouclier, ni épée, que portaient deux écuyers qui le suivaient. Son visage, quoique ombragé en partie par une longue plume qui flottait sur son casque, annonçait un cœur violemment agité de diverses passions, parmi lesquelles on pouvait distinguer l'orgueil qui combattait contre l'irrésolution. Il était empreint d'une pâleur extraordinaire comme un homme qui n'a pas dormi de plusieurs nuits. Néanmoins il conduisait son coursier avec l'aisance et la grace ordinaire qui convenait à la meilleure lance de l'ordre du Temple. Dans son ensemble il avait l'air imposant; mais, en l'examinant avec attention, on lisait sur ses traits farouches quelque chose qui faisait involontairement détourner les yeux.

A ses côtés étaient Conrad de Mont-Fichet et Albert de Malvoisin, qui faisaient les fonctions de parrains du champion. Ils étaient en costume de paix, portant les vêtemens blancs de l'ordre. Après eux venaient les autres chevaliers compagnons du Temple, avec une longue suite d'écuyers et de pages, vêtus de noir, et qui aspiraient à l'honneur de devenir un jour chevaliers de l'ordre. Enfin ces néophytes étaient suivis d'une troupe de gardes portant la même livrée, et armés de pertuisanes, au milieu desquelles on apercevait la malheureuse accusée, pâle, et marchant lentement, mais avec fermeté, vers le lieu où devait se décider son destin. On

CHAPITRE XLIII.

l'avait dépouillée de tous ses ornemens, de peur qu'il ne s'y trouvât quelqu'une de ces amulettes que l'on supposait que Satan donnait à ses victimes, pour les priver du pouvoir de faire des aveux, même dans les douleurs de la torture. Une robe blanche, d'une étoffe grossière, avait été substituée à ses vêtemens orientaux; mais il y avait dans tout son air un mélange si exquis de courage et de résignation, que, même sous cet habillement, et sans autre parure que ses longues tresses de cheveux noirs, chaque œil qui la regardait se remplissait de larmes, et que le bigot le plus endurci déplorait le sort qui avait changé une créature aussi intéressante en un vase de perdition, un objet de courroux et un esclave du démon.

Une foule de personnages appartenant à la commanderie suivaient la victime, tous marchant dans le plus grand ordre, les bras croisés sur la poitrine et les yeux fixés sur la terre. Cette procession s'avança lentement vers l'éminence au sommet de laquelle était le champ clos, et étant entrée dans la lice, en fit le tour, de droite à gauche, et après avoir complété le cercle, s'arrêta. Il s'éleva un tumulte momentané, pendant que le grand-maître descendait de cheval, ainsi que toute sa suite, à l'exception du champion et de ses parrains. Les chevaux furent emmenés hors de la lice par les écuyers qui étaient là pour cet objet.

L'infortunée Rébecca fut conduite au siége noir qui était placé près du bûcher. Au premier regard qu'elle jeta sur le lieu où se faisaient les apprêts effrayans d'une mort aussi épouvantable pour l'ame que douloureuse pour le corps, on la vit tressaillir et fermer les yeux, priant sans doute intérieurement, car elle remuait les lèvres, quoiqu'on n'entendît aucune parole. Au bout d'une minute elle ouvrit les yeux, les fixa sur le bûcher, comme pour familiariser son esprit avec cet objet terrible, et ensuite tourna lentement la tête, naturellement et sans effort.

Pendant ce temps-là le grand-maître s'était assis sur son trône; et lorsque les chevaliers de l'ordre se furent placés à ses côtés et derrière lui, chacun selon son rang,

CHAPITRE XLIII.

le son fort et prolongé des trompettes annonça que la séance était ouverte. Alors Malvoisin, comme parrain du champion, s'avança et déposa aux pieds du grand-maître le gant de la juive, qui était le gage du combat.

« Valeureux seigneur, éminentissime père, dit-il, voici le brave chevalier Brian de Bois-Guilbert, commandeur de l'ordre du Temple, qui, en acceptant le gage du combat que je dépose maintenant aux pieds de votre révérence, a pris l'engagement de faire son devoir au combat, ce jour, afin de soutenir que cette fille juive, nommée Rébecca, a justement mérité la sentence prononcée contre elle, en chapitre du très saint ordre du Temple de Sion, qui la condamne à mourir comme sorcière; le voici, dis-je, prêt à combattre honorablement, et en vrai chevalier, si tel est le plaisir de votre noble révérence. »

« A-t-il fait serment, demanda le grand-maître, que la querelle est juste et honorable? Faites apporter le crucifix et le *te igitur*. » — « Eminentissime père, répondit promptement Malvoisin, notre frère ici présent a déjà affirmé la vérité de son accusation entre les mains du brave chevalier Conrad de Mont-Fichet, et il ne doit pas être autrement assermenté, attendu que son adversaire est une infidèle, et que son serment ne saurait être admis.

Le grand maître se contenta de cette explication, à la grande satisfaction d'Albert; car le rusé chevalier avait prévu la grande difficulté, ou plutôt l'impossibilité d'amener Brian de Bois-Guilbert à prêter un pareil serment devant cette assemblée, et avait inventé cette excuse pour lui en éviter le devoir. Le grand-maître, après avoir admis l'excuse d'Albert Malvoisin, commanda au héros de s'avancer et de se mettre en action. Les trompettes sonnèrent de nouveau, et un héraut s'étant avancé fit à haute voix la proclamation suivante: Oyez! oyez! oyez! voici le brave chevalier Brian de Bois-Guilbert prêt à combattre tout chevalier de noble sang qui voudra soutenir la cause de la juive Rébecca, et se charger du privilége à elle accordé de combattre par champion en légitime essoine de son corps; et à tel champion le révérend et valeureux grand-maître ici présent assure le champ impartial, et égal partage de soleil et de vent, et tout ce qui autrement appartient à juste combat. »

Les trompettes sonnèrent de nouveau, et un profond silence régna pendant quelques minutes. «Aucun champion ne se présente pour l'appelante, dit le grand-maître. Héraut, va lui demander si elle attend quelqu'un pour combattre à sa place dans cette cause. »

Le héraut s'approcha de la sellette sur laquelle Rébecca était assise, et Bois-Guilbert tourna subitement la tête de son cheval vers cette partie de la lice, malgré les observations de Malvoisin et de Mont-Fichet, et se trouva à côté de la juive Rébecca en même temps que le héraut. «Ceci est-il régulier et conforme aux lois du combat ? » demanda Malvoisin au grand-maître. — «Oui, Albert de Malvoisin, répondit Beaumanoir, parce que dans l'appel au jugement de Dieu, nous ne devons pas empêcher les parties d'avoir entre elles des communications qui peuvent tendre à la manifestation de la vérité. »

Cependant le héraut s'adressant à Rébecca, lui dit: «Jeune fille, l'honorable et éminentissime grand-maître demande si tu es préparée à fournir un champion qui veuille combattre en ce moment pour ta défense, ou si tu te reconnais justement condamnée au sort que tu as mérité.»— «Dis au grand-maître, répondit Rébecca, que je maintiens mon innocence et que je ne me reconnais point justement condamnée, ne voulant pas me rendre moi-même coupable de ma mort. Dis-lui que je réclame le délai que les lois lui permettent de m'accorder, pour voir si Dieu, qui accorde à l'homme son secours à la dernière extrémité, me suscitera un libérateur; et lorsque le plus long délai sera passé, que sa volonté soit accomplie.» Le héraut se retira pour porter cette réponse au grand-maître.

«A Dieu ne plaise, dit Lucas de Beaumanoir, que juif ou païen puisse nous accuser d'injustice. Jusqu'à ce que les ombres passent de l'occident à l'orient, nous attendrons pour voir s'il se présente un champion à cette femme infortunée. Lorsque le jour sera arrivé à ce point, qu'elle se prépare à la mort.» Le héraut communiqua les paroles du grand-maître à Rébecca, qui baissa la tête d'un air de soumission, croisa les bras sur sa poitrine, et levant les yeux au ciel, parut attendre d'en haut le secours qu'elle ne pouvait guère se promettre de la part des hommes. Pendant cette pause solennelle, la voix de Bois-Guilbert vint frapper son oreille; ce n'était qu'un murmure, et cependant il la fit tressaillir plus que n'avait paru le faire ce que le héraut lui avait dit.

«Rébecca, dit le templier, m'entends-tu?»—«Je n'ai rien de commun avec toi, homme dur et cruel, répondit l'infortunée.»—«Oui, mais tu comprends mes paroles, dit le templier, car le son de ma voix m'épouvante moi-même. Je sais à peine sur quel terrain nous sommes et dans quel but on nous a amenés ici. Cette lice, cette chaise, ce bûcher! Oui, je sais à quel dessein, et cependant cela me paraît comme une chose qui n'est pas réelle; une vision effrayante qui abuse mes sens par des fantômes hideux, et ne peut convaincre ma raison. »

« Mon esprit et mes sens sont parfaitement libres, répondit Rébecca, et me disent également que ce bûcher est destiné à consumer mon corps terrestre et à m'ouvrir un douloureux mais court passage dans un monde meilleur. » — « Songes, Rébecca, songes frivoles! répliqua le templier, vaines visions, que vos sadducéens, plus sages, rejettent eux-mêmes. Écoute-moi, Rébecca, continua-t-il d'un ton animé; tu as une chance de sauver ta vie et ta liberté dont ces coquins et ce vieux scélérat ne se doutent nullement. Monte derrière moi sur mon coursier, sur Zamor, cet excellent cheval qui n'a jamais bronché sous son cavalier. Je l'ai gagné en combat singulier contre le sultan de Trébisonde. Monte, te dis-je, derrière moi. En moins d'une heure nous serons à l'abri de toute poursuite ; un nouveau monde de plaisirs s'ouvre pour toi, pour moi une nouvelle carrière de gloire. Qu'ils prononcent contre moi une sentence que je méprise, qu'ils effacent le nom de Bois-Guilbert de la liste de leurs esclaves monastiques, je laverai avec leur sang toutes les taches qu'ils oseront faire sur mon écusson.»

«Tentateur, dit Rébecca, retire-toi! Quoiqu'à ma dernière heure, tu ne pourrais me faire bouger de l'épaisseur d'un cheveu de ce siége fatal. Entourée comme je le suis d'ennemis, je te regarde comme le plus cruel et le plus féroce. Retire-toi, au nom de Dieu!» Albert Malvoisin, impatient et alarmé de la durée de cette conférence, s'approcha alors pour l'interrompre.

«L'accusée a-t-elle avoué son crime? demanda-t-il à Bois-Guilbert, ou est-elle résolue à le nier?»— «Elle est véritablement résolue, répondit Bois-Guilbert.» —« En ce cas, dit Malvoisin, il faut, mon noble frère, que tu reprennes ta place pour attendre le résultat. Les ombres tournent sur le cercle du cadran. Viens, brave Bois-Guilbert, viens, espoir de notre ordre, et bientôt son chef.»

En parlant ainsi d'un ton doux et flatteur, il porta la main à la bride du cheval du templier comme pour le ramener à son poste. «Vilain scélérat, s'écria Bois-Guilbert d'un ton furieux, comment oses-tu porter la main sur les rênes de mon cheval?» Forçant son compagnon à lâcher prise, il retourna à l'autre extrémité de la lice.

«Il y a encore de la chaleur en lui, dit Malvoisin à part à Mont-Fichet, si elle était bien dirigée; mais c'est comme le feu grégeois qui brûle tout ce qu'il touche.» Les juges étaient depuis deux heures dans l'attente, mais en vain, qu'un champion se présentât.

«Et on a raison, dit le frère Truck, considérant que c'est une juive. Et néanmoins, par mon ordre! il est dur de voir périr une aussi jeune et aussi belle créature sans qu'il y ait un seul coup de donné pour sa défense. Fût-elle dix fois sorcière, si elle était un peu chrétienne, mon bâton sonnerait douze heures sur le casque d'acier de ce féroce templier là-bas avant qu'il remportât ainsi la victoire. »

Cependant l'opinion générale était que personne ne pouvait ou ne voulait se présenter pour une juive accusée de sorcellerie, et les chevaliers, excités par Malvoisin, se disaient tout bas les uns aux autres qu'il était temps de déclarer que le gage de Rébecca n'avait pas été relevé. En ce moment, on vit dans la plaine un chevalier accourant de toute la vitesse de son cheval et s'avançant vers la lice. L'air retentit des cris : Un champion ! un champion ! et, en dépit des préventions et des préjugés de la multitude, il fut accueilli par les acclamations unanimes en entrant dans la lice. Un second coup d'œil néanmoins parut détruire l'espoir que son heureuse arrivée avait fait naître. Son cheval, épuisé par une course vive et rapide de plusieurs milles, paraissait ne pouvoir se soutenir, et le cavalier, bien qu'il se présentât avec avidité dans l'arène, soit faiblesse, soit fatigue, semblait à peine avoir la force de se maintenir sur la selle.

A la demande que lui fit le héraut de son nom, de son rang et du but de son voyage, l'étranger répondit promptement et hardiment : « Je suis bon chevalier et noble, et je viens soutenir, à la lance et à l'épée, la juste cause de Rébecca, fille d'Isaac d'York ; je viens maintenir que la sentence prononcée contre elle est fausse et dénuée de vérité, et défier le sire Brian de Bois-Guilbert comme traître, meurtrier et menteur ; et je le prouverai dans ce champ clos, avec mon corps contre le sien, avec l'aide de Dieu, de Notre-Dame et de monseigneur saint Georges le bon chevalier. »

« L'étranger doit, avant tout, prouver, dit Malvoisin, qu'il est bon chevalier et de noble lignäge. Le Temple ne permet pas à ses champions de combattre contre des hommes sans nom. » — « Malvoisin, dit le chevalier levant la visière de son casque, mon nom est plus connu, mon lignage plus pur que le tien. Je suis Wilfrid d'Ivanhoe. » — « Je ne combattrai point contre toi, s'écria Bois-Guilbert d'une voix sourde et altérée. Fais guérir tes blessures, procure-toi un meilleur cheval, alors peut-être daignerai-je consentir à te châtier et à rabaisser ce ton de bravade déplacé dans un jeune homme. »

« Quoi donc! orgueilleux templier, as-tu oublié que deux fois tu as été renversé par cette lance? Souviens-toi du tournoi d'Acre; souviens-toi de la passe d'armes à Ashby; souviens-toi du défi que tu me portas dans le château de Rotherwood, et du gage de ta chaîne d'or contre mon reliquaire que tu combattrais avec Wilfrid d'Ivanhoe, afin de recouvrer l'honneur que tu avais perdu. C'est par ce reliquaire et par la sainte relique qu'il contient, que je te proclamerai comme un lâche dans toutes les cours de l'Europe et dans toutes les commanderies de ton ordre, si sans plus de délai tu ne combats contre moi. »

Bois-Guilbert se tourna avec un air d'irrésolution vers Rébecca, puis lançant à Ivanhoe un regard farouche: « Chien de Saxon, s'écria-t-il, prends ta lance, et prépare-toi à recevoir la mort que tu t'es attirée. » — « Le grand-maître m'octroie-t-il le combat, demanda Ivanhoe. » — « Je ne puis refuser ce que vous avez réclamé, dit le grand-maître, pourvu que la jeune fille vous accepte pour son champion. Néanmoins je désirerais bien que vous fussiez plus en état de combattre. Tu as toujours été ennemi de notre ordre, cependant je voudrais en agir honorablement avec toi.»

«Comme cela, comme je suis, et non autrement, dit Ivanhoe; c'est le jugement de Dieu; je mets en lui ma confiance. Rébecca, dit-il en s'approchant de la sellette fatale, m'acceptes-tu pour ton champion?»
—« Oui, je l'accepte; oui, répondit-elle avec une émotion que la crainte de la mort n'avait pu produire en elle; je t'accepte comme le champion que Dieu m'a envoyé. Et cependant non, non; tes blessures ne sont pas guéries; ne combats point contre cet orgueilleux. Pourquoi voudrais-tu périr aussi?»

Mais Ivanhoe était déja à son poste, avait baissé la visière de son casque et pris sa lance; Bois-Guilbert en fit autant; mais son écuyer remarqua, en fermant sa visière, que son visage qui, malgré les diverses émotions qui l'avaient agité, avait été pendant toute la journée extrêmement pâle, s'était subitement couvert d'une rougeur très foncée.

Alors le héraut, voyant chacun des champions à sa place, éleva la voix, et répéta trois fois : *Faites votre devoir, preux cheva-*

liers! Après le troisième cri, il se retira de côté, et proclama de nouveau qu'il était défendu à qui que ce pût être, sous peine d'être mis à mort à l'instant même, d'oser, par un mot, par un cri, ou par un geste, apporter aucune sorte d'interruption ou de trouble dans ce champ impartial de bataille. Le grand-maître, qui tenait dans sa main le gage du combat, le gant de Rébecca, le jeta dans la lice, et donna le fatal signal en disant : *Laissez aller.*

Les trompettes se firent entendre, et les chevaliers s'élancèrent l'un contre l'autre au grand galop. Le cheval fatigué d'Ivanhoe, et son cavalier non moins épuisé, ne purent, ainsi que tout le monde s'y était attendu, résister au choc de la lance bien dirigée et au vigoureux coursier de Bois-Guilbert. Mais quoique la lance d'Ivanhoe ne fît, en comparaison, que toucher le bouclier de Bois-Guilbert, ce fier champion, au grand étonnement de tout les spectateurs, chancela, vida les étriers et tomba sur l'arène.

Ivanhoe, se dégageant de son cheval, fut bientôt relevé, et se hâta de chercher à réparer cet accident au moyen de son épée: mais Bois-Guilbert ne se releva point. Wilfrid, lui posant un pied sur la poitrine et la pointe de son épée sur la gorge, lui commanda de s'avouer vaincu s'il ne voulait recevoir le coup de la mort. Bois-Guilbert ne répondit point. — «Ne le tuez pas, sire chevalier, s'écria le grand-maître, sans confession ni absolution; ne tuez point l'ame et le corps : nous le reconnaissons vaincu.»

Il descendit dans l'arène, et ordonna qu'on détachât le casque du champion vaincu. Ses yeux étaient fermés ; son visage était encore fortement coloré. Tandis qu'on le regardait avec étonnement, ses yeux se rouvrirent, mais ils étaient fixes et ternes. La couleur disparut, et fit place à la pâleur de la mort. Ce n'était point la lance de son ennemi qui avait causé son trépas : il périt victime de ses passions.— «C'est véritablement le jugement de Dieu, dit le grand-maître en levant les yeux au ciel : *Fiat voluntas tua !*

CHAPITRE XLIV ET DERNIER

  « Cela finit donc comme un conte de vieille
« femme? »   Webster.

Quand le premier moment de surprise fut passé, Wilfrid Ivanhoe demanda au grand-maître, comme juge du champ-clos, s'il avait agi avec justice et honneur dans le combat. — «Tout a été fait avec honneur et justice, répondit le grand-maître. Je déclare la jeune fille innocente et libre. Les armes et le corps du chevalier qui a perdu la vie sont au vainqueur.» — «Je ne veux pas le dépouiller de son armure, dit le chevalier d'Ivanhoe, ni livrer ses restes à l'infamie; il a combattu pour la chrétienté; c'est le bras de Dieu et non une main terrestre qui aujourd'hui lui a fait mordre la poussière : seulement, que ses obsèques ne soient que celles d'un homme qui est mort pour une injuste cause. Quant à cette jeune fille.....» Il fut interrompu par le bruit occasionné par des pieds de chevaux dont le nombre et la rapidité faisaient trembler la terre devant eux, et à la tête desquels le chevalier noir entra dans la lice : une troupe d'hommes d'armes le suivait, et chaque cavalier était armé de pied en cap. — « Je viens trop tard, dit-il, promenant ses regards autour de lui : ce Bois-Guilbert m'appartenait. Était-ce à toi, Ivanhoe, de te charger de cette aventure ; à toi, qui te tiens à peine sur tes arçons ? Le ciel, ô mon souverain ! repliqua Ivanhoe, a frappé ce superbe ; il eût été trop honoré de mourir de votre main. » — « Que la paix soit avec lui ! dit Richard en regardant le corps gisant sur le sable ; c'était un courtois chevalier, et comme un chevalier il est mort dans son armure. Mais le temps presse : Bohun, fais ton devoir ! » Un des chevaliers qui composait la suite du roi s'avança, et, mettant la main sur l'épaule de Malvoisin : « Je t'arrête, dit-il ; tu es accusé de haute-trahison. »

Le grand-maître jusqu'alors était resté immobile d'étonnement à l'aspect de cette troupe de guerriers ; il se remit, et la parole lui revint : « Qui a l'audace de porter la main sur un chevalier du Temple de Sion, dans l'enceinte même de sa propre commanderie, et en présence du grand-maître? De quelle autorité se permet-on un pareil outrage? »—« Par la mienne, répliqua le chevalier; c'est moi qui l'arrête, moi Henri Bohun, comte d'Essex, lord haut connétable d'Angleterre. » — « Et il arrête Malvoisin, dit le roi levant sa visière, par l'ordre de Richard Plantagenet, ici présent. Conrad Mont-Fichet, il est heureux pour toi de n'être point né mon sujet; pour toi, Malvoisin, attends-toi de mourir avec ton frère Philippe avant que le monde soit plus vieux d'une semaine [1]. »—« Je résisterai à ta sentence, dit le grand-maître. » — « Orgueilleux templier, dit le roi, tu ne le peux; lève les yeux et regarde le royal étendard qui flotte sur les tours au lieu de la bannière de ton ordre. De la prudence, Beaumanoir; ne fais point une vaine résistance. Ta main est dans la gueule du lion. » — « J'en appellerai à Rome, dit le grand-maître, contre cette usurpation des

---

[1] Il me semble que M. Defauconpret n'a pas bien rendu cette phrase si caractéristique, en lui substituant l'expression commune « avant que huit jours soient écoulés. »

A. M.

immunités et des priviléges de notre ordre.»
—«Soit, répondit le roi; mais, pour l'amour de toi, je te conseille de ne me plus parler d'usurpation. Dissous ton chapitre; va-t'en avec tes compagnons, et cherche quelque commanderie, si c'est possible d'en trouver une qui ne soit pas un réceptacle de traîtres et de conspirateurs contre le roi d'Angleterre, à moins que tu ne préfères rester pour jouir de notre hospitalité et admirer notre justice.» — «Être un hôte dans une maison où je devrais commander, répliqua le templier, jamais! Chapelains, entonnez le psaume: *Quare fremuerunt gentes!*... Chevaliers, écuyers, milice du Temple saint, tenez-vous prêts à suivre la bannière du Baucéan!»

Le grand-maître prononça ces mots avec autant de dignité qu'en eût mis le roi d'Angleterre lui-même, et inspira du courage à ses compagnons étonnés et stupéfaits. Ils se pressèrent autour de lui comme des moutons autour du chien qui les garde, lorsqu'ils entendent hurler un loup; mais ils étaient loin d'en avoir la timidité: leurs sourcils froncés marquaient l'indignation et au défaut de leur langue qu'ils enchaînaient, leurs yeux lançaient la menace : ils sortirent tous ensemble de la lice et formèrent un front terrible hérissé de lances. Les manteaux blancs des chevaliers s'y faisaient remarquer parmi leurs partisans vêtus d'habits d'une sombre couleur, comme la frange colorée et brillante d'un nuage obscur [1]. La multitude qui avait poussé des clameurs de réprobation, devint calme et silencieuse à l'aspect de ce corps formidable et vaillant, et se retira à une certaine distance en arrière devant leur ligne imposante.

Dès que le comte d'Essex vit leur contenance et leur phalange serrée, il piqua son cheval de bataille, et courut à toute bride se mettre à la tête de sa troupe pour faire front à cette masse formidable. Richard, comme s'il était fier du danger que provoquait sa présence, s'avança seul, et galopant sur la ligne des templiers, il criait à voix haute : « Sires chevaliers, parmi tant de braves que vous êtes, s'en trouve-t-il

[1] Cette belle comparaison est omise dans la traduction de M. Defauconpret. A. M.

un qui veuille rompre une lance avec Richard? Milice du Temple saint, vos dames ont le teint bien hâlé, s'il n'en est point une seule qui soit digne d'une lance brisée en son honneur. »

« Les frères du Temple saint, dit le grand-maître poussant son cheval en avant, ne combattent point pour une cause si futile et si profane; Richard d'Angleterre ne trouvera pas un templier qui, en ma présence, croisera sa lance avec la sienne. Le pape et les princes de l'Europe seront les juges de notre querelle, et c'est à eux seuls que nous nous en remettrons, pour savoir si un prince chrétien a bien agi en s'attachant à la cause que tu viens d'embrasser. Ne nous attaque point, et nous sommes prêts à nous retirer sans vous attaquer. Nous laissons à ton honneur le soin des armes et des biens de notre ordre, que nous abandonnons, et à ta conscience le scandale et l'injure dont la chrétienté t'est redevable aujourd'hui. » A ces mots, et sans attendre de réponse, le grand-maître donna le signal du départ. Les trompettes sonnèrent une marche orientale, d'un caractère sauvage, dont se servaient ordinairement les templiers en campagne. Ils rompirent la ligne, puis se formèrent en colonne; ils partirent à pas lents et serrés, autant qu'il était possible aux chevaux, comme pour montrer que, s'ils se retiraient, c'était pour obéir à l'ordre de leur grand-maître, et non par crainte. « Par l'éclat du front de Notre-Dame ! dit le roi Richard, c'est dommage que ces templiers ne soient pas si sûrs qu'ils sont vaillans et disciplinés. » La foule, comme un roquet timide qui attend pour aboyer que l'objet de sa frayeur ait disparu, poursuivit de ses clameurs les templiers qui s'éloignaient.

Durant le tumulte qui accompagna leur retraite, Rébecca ne vit et n'entendit rien, dans les bras de son vieux père qui la serrait contre son sein, privée de ses sens, égarée, et n'étant point encore sûre du changement de scène qui venait d'avoir lieu; mais un mot d'Isaac la rendit bientôt à elle.

« Allons, dit-il, ma chère fille, trésor que je viens de recouvrer, allons nous jeter aux pieds du bon jeune homme. » — « Non, repartit Rébecca, non, non, non; je n'oserais lui parler en ce moment. Hélas! je lui dirais peut-être plus que... Non, mon père, fuyons sur l'heure ce lieu dangereux.»—«Quoi! ma fille, dit Isaac, quitter si brusquement celui qui, la lance à la main, et le bouclier au bras, a volé comme le brave des braves à ta délivrance, ne faisant nul cas de la vie, toi la fille d'un peuple étranger! C'est un service digne d'une reconnaissance éternelle.»

«C'est, c'est... une reconnaissance éternelle... sans bornes, une reconnaissance.... Il recevra mes remerciemens au delà... mais pas à présent... Par l'amour de ta bien-aimée [1] Rachel, mon père, rends-toi à ma prière... pas à présent.»—«Mais, dit Isaac en insistant, on dira que des chiens sont plus reconnaissans que nous.»—«Ne

---

[1] Image charmante et biblique omise par M. Defauconpret. L'aimable Rachel jetée dans le fond de ce tableau y produit le plus doux effet. Rachel en hébreu signifie, si je ne me trompe, *brebis de Dieu*. D'où vient que ce traducteur trouble pour ainsi dire la paix de cette tendre prière de Rébecca par cette phrase parasite, par un anathème : *Que le dieu de Jacob me punisse s'il ne la possède pas tout entière!* A. M.

voyez-vous donc pas, mon bien-aimé père, qu'il est à cette heure avec le roi Richard, et que...»—« Cela est vrai, bonne et prudente Rébecca, partons d'ici! partons d'ici!... Il manquera d'argent, car il arrive de Palestine, et même, comme on le dit, de prison, et il ne manquera pas de prétexte pour m'en arracher, ne serait-ce que mon simple trafic avec son frère Jean. Allons-nous-en, ma fille, allons-nous-en.»

Et à son tour, pressant sa fille de sortir, il s'en alla avec elle; et comme il l'avait déjà prévu, il la conduisit dans la maison du rabbin Nathan. Les événemens de la journée, dont la juive n'avait point rempli la moindre partie, avaient à peine attiré l'attention de la populace, qui ne s'aperçut point de son départ, tout occupée qu'elle était du chevalier noir. La foule remplissait les airs de ces cris : « Vive Richard Cœur-de-Lion! Mort aux templiers usurpateurs! »

«Malgré toute cette apparence de loyauté, dit Ivanhoe au comte d'Essex, le roi a fort bien fait de prendre ses précautions en gardant auprès de lui ta personne, et en s'entourant de tes fidèles compagnons.» Le comte sourit et secoua la tête. «Brave Ivanhoè, toi qui connais si bien notre maître, dit-il, penses-tu que ce soit lui qui ait pris cette précaution? Je marchais sur York, ayant eu connaissance que le prince Jean y avait rassemblé le gros de ses partisans, lorsque je rencontrai le roi Richard qui, de même qu'un véritable chevalier errant, arrivait au galop pour terminer l'aventure du templier et de la juive, et cela par la seule force de son bras; et je l'accompagnai avec ma troupe, bien qu'il ne le voulût pas.»

«Et qu'y a-t-il de nouveau à York, brave comte? dit Ivanhoe. Les rebelles s'attendent-ils à nous y voir?»—«Pas plus que la neige de décembre n'attend le soleil de juillet, dit le comte; ils sont dispersés: et qui pensez-vous qui nous apporta cette nouvelle? ce fut Jean lui-même.»—«Le traître! l'ingrat! l'insolent traître! dit Ivanhoe; Richard n'a-t-il pas donné des ordres pour qu'on l'arrête?»—«Il l'a reçu, répondit le comte, comme s'il l'eût rencontré après une partie de chasse; mais remarquant les regards d'indignation que nous attachions sur le prince: «Tu vois, mon frère, dit-il, que j'ai avec moi des hommes exaspérés. Tu feras bien d'aller trouver notre mère, de lui porter les témoignages de ma respectueuse affection, et de rester auprès d'elle jusqu'à ce que les esprits soient un peu pacifiés. » — « Et c'est là tout ce qu'il a dit ? répliqua Ivanhoe. Ne dirait-on pas que ce prince appelle la trahison par sa clémence ? »

« Oui, sans doute, dit le comte, comme celui-là appelle la mort, qui se présente au combat avec une blessure qui n'est pas encore guérie. » — « Fort bien répliqué, dit Ivanhoe ; rappelez-vous cependant que ce n'est que ma vie que je hasardais, au lieu que Richard compromettait le bien-être de ses sujets. »

« Ceux qui se montrent aussi insoucians à l'égard de leurs propres intérêts, répondit d'Essex, font rarement attention à ceux des autres. Mais hâtons-nous de nous rendre au château, car Richard se propose de punir quelques uns des agens subalternes de la conspiration, quoiqu'il ait pardonné à celui qui en était le chef. »

D'après les procédures qui eurent lieu à

cette occasion, et qui sont rapportées tout au long dans le manuscrit de Wardour, il paraît que Maurice de Bracy passa la mer, et entra au service de Philippe de France. Quant à Philippe de Malvoisin, et à son frère Albert, ils furent exécutés, tandisque Waldemar Fitzurse, qui avait été l'ame de la conspiration, n'encourut d'autre peine que celle du bannissement, et que le prince Jean, en faveur de qui elle avait été organisée, ne reçut même pas de reproches de la part de son frère. Au reste, personne ne plaignit les deux Malvoisin, qui subirent une mort qu'ils n'avaient que trop justement méritée par plusieurs actes de fausseté, de cruauté et d'oppression.

Peu de temps après le combat judiciaire, le Saxon Cedric fut mandé à la cour de Richard, qui la tenait alors à York, dans la vue de rétablir l'ordre au sein des comtés où il avait été troublé par l'ambition de son frère. Cedric pesta et tempêta plus d'une fois en recevant ce message ; néanmoins il ne refusa pas de se rendre. Au fait, le retour de Richard avait mis fin à toutes les espérances qu'il avait conçues de rétablir la dynastie saxonne sur le trône d'Angleterre ; car quelque force qu'ils eussent pu parvenir à organiser, en supposant qu'une guerre civile eût éclaté, il était évident qu'il n'y avait aucun heureux résultat à espérer dans un moment où la couronne ne pouvait être disputée à Richard, jouissant de la plus grande popularité, tant par ses qualités personnelles que par ses exploits militaires, quoique les rênes de son gouvernement fussent tenues avec une insouciance et une légèreté qui se rapprochaient tantôt d'un excès d'indulgence, tantôt d'un odieux despotisme.

D'ailleurs il n'avait pu échapper à l'observation de Cedric, quelque révoltante qu'elle lui parût, que son projet d'une union complète et absolue entre les individus qui composaient la nation saxonne, par le mariage de Rowena et d'Athelstane, était maintenant devenue impossible à cause du renoncement des deux parties intéressées. D'ailleurs, c'était là un événement que, dans son zèle ardent pour la cause saxonne, il n'avait ni prévu ni pu prévoir ; et même lorsque l'espèce d'éloignement de l'un pour l'autre se fut manifesté d'une manière aussi claire, et pour ainsi dire aussi publique, il pouvait à peine se figurer qu'il fût possible que deux personnes saxonnes de nation pussent ne pas sacrifier leurs sentimens personnels, et ne pas former une alliance aussi nécessaire au bien général de la nation. Mais le fait n'en était pas moins certain. Rowena avait toujours témoigné une sorte d'aversion pour Athelstane, et maintenant celui-ci ne s'était pas expliqué moins positivement en déclarant qu'il ne donnerait plus de suite à la demande qu'il avait formée de la main de Rowena. Ainsi l'obstination naturelle de Cedric céda à de pareils obstacles, et recula devant l'idée d'avoir à conduire à l'autel, tenant l'un et l'autre de chaque main, deux êtres qui ne se laissaient traîner qu'avec la plus grande répugnance. Il fit néanmoins une dernière et vigoureuse attaque contre Athelstane; mais il trouva ce rejeton ressuscité de la royauté saxonne occupé, comme le sont de nos jours certains gentilshommes campagnards, à une guerre furieuse et opiniâtre avec le clergé.

CHAPITRE XLIV.

Il paraît qu'après toutes les menaces contre l'abbaye de Saint-Edmond, l'esprit de vengeance d'Athelstane, cédant partie à son arrogance naturelle, partie aux prières de sa mère Édith, attachée comme beaucoup d'autres dames de cette époque à l'ordre du clergé, avait borné son ressentiment en faisant enfermer l'abbé et ses moines dans le château de Coningsburgh [1], pour y être soumis à une diète rigoureuse pendant trois jours. L'abbé, qu'une telle atrocité avait mis en fureur, menaça le noble Athelstane d'une excommunication, et il dressa une liste horrible des souffrances d'entrailles ou d'estomac qu'il avait endurées lui et ses moines, par suite de l'emprisonnement tyrannique et injuste qu'ils avaient subi. Athelstane avait la tête si remplie des moyens de résister à la persécution monacale, que Cedric reconnut ne plus y trouver de place pour aucune autre

---

[1] Il n'est peut-être pas inutile d'expliquer à ceux de nos lecteurs qui ne le sauraient point, que le mot saxon *Coningsburgh* veut dire *château du roi*: ce qui rappelle le nom de Kœnisberg, une des villes ou résidences royales de Prusse. *Templestowe* signifie également *demeure du Temple*.   A. M.

idée. Lorsque le nom de Rowena fut prononcé, l'ami de Cedric le pria de lui laisser vider une pleine coupe de vin à la santé de la belle Saxonne et à celle de celui qui devait être bientôt son époux, c'est-à-dire Ivanhoe. C'était donc un cas désespéré, il n'y avait plus rien à faire d'Athelstane; ou, pour parler comme Wamba, en employant sa phrase saxonne arrivée jusqu'à nous, c'était un coq qui ne voulait plus se battre.

Il ne restait plus, entre Cedric et la détermination que les deux amans avaient prise, qu'à lever deux obstacles : d'abord, l'obstination du tuteur de la belle, et puis son inimitié contre la race normande. Le premier sentiment s'affaiblissait par degrés au moyen des caresses de sa pupille, et en songeant à l'orgueil qu'il pouvait tirer de la renommée de son fils; d'ailleurs, il n'était pas insensible à l'honneur d'allier son sang à celui d'Alfred, lorsque la race d'Édouard le confesseur abjurait pour jamais la couronne. L'aversion de Cedric contre la dynastie des rois normands diminuait aussi; d'abord en considérant l'impossibilité d'en délivrer l'Angleterre, sentiment qui donnait de la loyauté au sujet; ensuite par les égards personnels du roi Richard, qui, suivant le manuscrit de Wardour, flatta si bien l'humeur sauvage de Cedric, qu'avant que celui-ci eût passé une semaine à sa cour, il avait donné son consentement au mariage de sa pupille Rowena avec son fils Wilfrid d'Ivanhoe.

L'union de notre héros, ainsi approuvée par son père, fut célébrée dans le plus auguste des temples, la noble cathédrale d'York. Le roi lui-même y assista, et la bienveillance qu'il témoigna en cette occasion, ainsi que dans plusieurs autres, à ses sujets saxons, jusqu'ici opprimés, leur donna plus d'espoir d'être traités moins sévèrement et de voir leurs droits enfin respectés, sans être de nouveau exposés aux chances d'une guerre civile. Le clergé romain déploya toutes ses pompes en cette mémorable solennité.

Gurth demeura attaché en qualité d'écuyer à son jeune maître, qu'il avait servi avec tant de fidélité; et le courageux Wamba, paré d'un nouveau bonnet de fou et d'une plus ample garniture de sonnettes d'argent, passa de même au service d'Ivanhoe, avec le consentement du père de ce dernier. Le gardeur de pourceaux et le jovial bouffon, ayant tous deux partagé les périls et l'adversité de Wilfrid, demeurèrent près de lui pour aussi partager les avantages de sa prospérité.

Outre cette faveur accordée aux gens de Cedric, on invita les Normands et les Saxons de haut parage à la célébration de cette brillante alliance; et, depuis cette époque, les deux races se sont tellement mêlées et identifiées, qu'il ne serait plus possible de les distinguer. Cedric vécut assez longtemps pour voir cette fusion accomplie; car, à mesure que les deux peuples se mirent davantage en rapport et formèrent des liens de parenté, les Normands affaiblirent leur orgueil et les Saxons devinrent plus civilisés. Ce ne fut néanmoins que cent ans après, c'est-à-dire sous le règne d'Édouard III, que la nouvelle langue, nommée anglaise, fut parlée à la cour de Londres, et que toute distinction hostile de Normand et de Saxon disparut entiè-

Le surlendemain de cet heureux hyménée, lady Rowena fut informée par sa suivante Elgitha, qu'une damoiselle demandait à être admise en sa présence, et désirait lui parler sans témoin. Rowena étonnée, balança d'abord ; mais ensuite, emportée par la curiosité, elle finit par ordonner que l'étrangère fût introduite, et que toutes les suivantes demeurassent à l'écart un moment.

La jeune personne entra : sa figure était noble et imposante; un long voile blanc la couvrait sans la cacher, et relevait l'élégance de sa parure, ainsi que la majesté de son maintien. Elle se présenta d'un air mêlé de respect et d'une assurance réservée, sans paraître chercher à gagner la faveur de celle à qui elle venait parler. Rowena, toujours disposée à accueillir les réclamations et à écouter les vœux des autres, se leva, et eût conduit la belle étrangère à un siége voisin, si un coup d'œil jeté sur Elgitha, seule témoin jusqu'alors de la conférence, n'eût invité celle-ci à avancer le siége, et puis à se retirer; ce qui eut lieu sur-le-champ, bien qu'un peu à regret. Ce fut alors que l'inconnue, à la grande surprise de lady Rowena, fléchit un genou devant elle, baissa le front et le pressa de ses mains; puis, malgré la résistance de la pupille de Cedric, lui baisa le pan de sa tunique éblouissante.

« Que signifie cela, dit la nouvelle épouse, et pourquoi me rendez-vous l'objet d'un respect si étrange? » — « Parce que c'est à vous, digne compagne d'Ivanhoe, dit Rébecca en se relevant, et reprenant la dignité tranquille de ses manières; parce que c'est à vous que je puis, légalement et sans crainte de reproches, offrir le tribut de reconnaissance que je dois à votre digne époux. Je suis... oubliez la hardiesse avec laquelle je suis venue vous présenter l'hommage de mon pays... je suis une juive infortunée pour qui le nouveau compagnon de votre destinée a exposé sa vie en champ clos, à Templestowe. »

« Damoiselle, repartit Rowena, Wilfrid, en ce jour de glorieuse mémoire, n'a fait que payer à demi la dette que vos soins charitables l'avaient induit à contracter lorsqu'il était blessé et malheureux. Parlez, y a-t-il quelque chose en quoi lui et moi nous puissions vous servir?»—«Rien, dit Rébecca dans un calme enchanteur; à moins qu'il ne vous plaise de lui transmettre mon adieu plein de reconnaissance.»—«Vous quittez donc l'Angleterre,» dit Rowena revenue à peine de la surprise que lui avait causée cette visite inattendue. —«Oui, noble dame, et avant que la lune change: mon père a un frère puissant auprès de Mahomet-Boaldi, roi de Grenade; nous allons le retrouver, certains de vivre en paix et protégés, en payant le tribut que les Moslems exigent du peuple hébreux.»

«Ne trouveriez-vous pas le même appui en Angleterre? dit Rowena Mon époux possède la faveur du roi, et le roi lui-même est juste et généreux.» — «Je n'en doute point, noble dame, dit Rébecca, mais le peuple en Angleterre est orgueilleux, querelleur, ami des troubles, et toujours prêt à plonger le glaive dans le cœur de son voisin. Ce n'est pas un lieu sûr pour les enfans d'Abraham. Éphraïm est une colombe timide; Issachar, un serviteur trop accablé de travaux et de peines.

Ce n'est point dans un pays de guerre et de sang, environné d'ennemis et déchiré par les factions intérieures, qu'Israël peut espérer le repos, après avoir été errant et dispersé depuis tant de siècles.»—«Mais vous, jeune fille, dit Rowena, vous ne pouvez rien craindre. Celle qui a nourri le lit malade d'Ivanhoe[1], continua la princesse avec enthousiasme, n'a rien à redouter en Angleterre, où les Saxons et les Normands se disputeront le privilége de l'honorer.»

«Ce discours est beau, noble dame, et votre proposition plus belle encore. Mais je ne puis l'accepter ; il existe entre nous un abîme que nous ne saurions franchir : notre éducation, notre foi, tout s'oppose à ce qu'il soit comblé. Adieu, mais avant que je vous quitte accordez-moi une grace: levez ce voile, qui me dérobe vos traits dont la renommée parle si haut.»—«Ils ne

---

[1] *She who nursed the sick bed of Ivanhoe*, est une si heureuse, quoique hardie, métaphore, que nous croyons devoir la hasarder dans notre langue. Nous ne pensons pas que M. Defauconpret l'ait rendue par cet équivalent : «Celle qui donna des soins si touchans à Ivanhoe.»

A. M.

méritent point d'arrêter les regards, dit Rowena ; mais espérant la même faveur de celle qui me visite, je me découvrirai pour elle. »

Elle souleva effectivement son voile, et, soit par timidité, soit par le sentiment intime de sa beauté, la jeune princesse rougit, et cette rougeur se manifesta à la fois sur ses joues, son front, son cou et son sein virginal. Rébecca rougit également, mais ce ne fut qu'un instant ; et maîtrisée par de plus fortes émotions, cette sensation s'évanouit comme le nuage pourpré qui change de couleur quand le soleil descend sous l'horizon.

« Noble dame, dit-elle à lady Rowena, les traits que vous avez daigné me montrer vont demeurer long-temps dans ma mémoire. La douceur et la bonté y règnent ; et si une teinte de la fierté ou des vanités mondaines peut s'allier avec une expression si aimable, comment pourrions-nous regretter que ce qui est de terre [1] con-

---

[1] Le premier interprète met ici un « vase de terre, » au lieu de la forme terrestre de la femme. Nous croyons que c'est affaiblir l'idée de l'original. A. M.

serve quelques traces de son origine? Long-temps, long-temps je me rappellerai vos traits, et je bénis le ciel de laisser mon digne libérateur uni à....» Elle s'arrêta court, et ici ses yeux se remplirent de larmes : elle les essuya vite, et répondit à la touchante question de Rowena qui lui demandait si elle se trouvait mal : «Non, je me trouve bien, mais mon cœur se gonfle lorsque je songe à Torquilstone, et au champ clos de Templestowe. Adieu; cependant il me reste une dernière prière à vous faire : acceptez cette cassette, et ne dédaignez pas ce qu'elle contient.» La princesse ouvrit alors le petit coffre d'ivoire enrichi d'ornemens, et y trouva un collier et des boucles d'oreilles en diamans qui étaient d'une valeur inexprimable.

«Il est impossible, dit Rowena en voulant rendre la cassette, que j'accepte un présent d'un si grand prix.»—«Conservez-le, noble dame, répondit Rébecca; vous possédez le pouvoir, la grace, le crédit, l'influence; nous n'avons pour nous que la richesse, source de notre force et de notre faiblesse. La valeur de ces bagatel-

CHAPITRE XLIV.

les multipliée dix fois n'aurait pas le même empire que le moindre de vos souhaits. Le présent est donc peu de chose pour vous et moins encore pour moi qui m'en vais. Permettez-moi de penser que vous ne partagez point les injustes préjugés de votre nation à l'égard de mes coréligionnaires. Croyez-vous que je prise ces pierres brillantes plus que ma liberté, ou que mon père les estime plus que la vie et l'honneur de sa fille? Acceptez-les, noble dame; elles n'ont aucune valeur pour moi, qui ne porterai plus de semblables joyaux.»

«Vous êtes donc malheureuse, dit Rowena frappée du ton avec lequel Rébecca venait de prononcer ces dernières paroles. Oh! demeurez avec nous, les avis d'hommes pieux vous tireront de votre croyance et vous feront renoncer à votre loi si funeste : alors je deviendrai une sœur pour vous.»
— «Non, dit Rébecca avec cette mélancolie tranquille et douce qui régnait dans ses accens et sur ses traits angéliques : je ne saurais quitter la foi de mes pères, comme un vêtement non approprié au climat où je veux habiter ; cependant je ne

serai pas malheureuse ; celui à qui je consacre désormais ma vie deviendra mon consolateur, si je remplis sa volonté.» — «Votre nation a-t-elle donc des couvens, et vous proposez-vous de vous y retirer ?» lui demanda Rowena. — «Non, certes, noble dame, reprit la juive ; mais parmi nous, depuis le temps d'Abraham jusqu'à nos jours, nous avons eu de saintes femmes qui ont élevé toutes leurs pensées vers le ciel, et se sont dévouées au soulagement de l'humanité en soignant les malades, secourant les nécessiteux et consolant les affligés. Rébecca ira se mêler parmi elles ; dites-le à votre noble époux, s'il lui arrive de s'enquérir du sort de celle qui lui sauva la vie.»

On remarqua un tremblement involontaire dans la voix de Rébecca, et une expression de tendresse qui en disait peut-être plus qu'elle ne voulait en faire entendre. Elle se hâta de prendre congé de la princesse. «Adieu, dit-elle : puisse le père commun des juifs et des chrétiens répandre sur vous ses plus saintes bénédictions : le navire qui nous attend lèvera l'ancre avant que nous puissions gagner le port. »

Elle sortit de l'appartement, laissant la belle Saxonne étonnée, comme si elle avait eu quelque vision, comme si une ombre avait passé devant ses yeux. Rowena fit part de ce singulier entretien à son époux, qui en garda une vive impression. Il vécut long-temps heureux avec sa digne compagne, car ils étaient unis l'un à l'autre par une tendre affection, qui s'augmenta encore avec leurs années, et prit une nouvelle force par le souvenir des obstacles qu'ils avaient eus à surmonter. Cependant ce serait porter trop loin la curiosité, que de demander si le souvenir de la beauté et des généreux soins de Rébecca s'offrit plus fréquemment à la pensée d'Ivanhoe que la noble descendante d'Alfred ne l'aurait désiré.

Wilfrid se distingua au service de Richard, et fut comblé des faveurs du monarque. Il se serait probablement encore élevé plus haut sans la mort prématurée de l'héroïque monarque devant le château de Chaluz près de Limoges. Avec ce prince généreux, mais téméraire et romanesque, s'évanouirent tous les projets que son ambition avait conçus; et on peut lui appliquer, avec un léger changement, ce que Johnson a dit de Charles XII : Son sort fut d'aller se faire tuer par une main vulgaire au pied d'une petite forteresse en pays étranger; il laissa un nom qui fit trembler le monde, pour ne servir qu'à donner une haute leçon de morale, ou bien à figurer dans un roman.

FIN.

IMPRIMERIE ET FONDERIE DE RIGNOUX,
RUE DES FRANCS-BOURGEOIS-S.-MICHEL, N° 8.

Principaux auteurs qui doivent entrer dans cette Collection.

PREMIÈRE SÉRIE. — Romans Français.

MESDAMES

D'ARCONVILLE.	Mémoires de mademoiselle de Valcour.
D'AULNOY.... (Elie de)	Hippolyte. Le Comte de Warwick.
BEAUMONT...	Lettres du marquis de Roselle. Lettres de Sophie.
BENNOIT.....	Élisabeth. Céliane. Agathe et Isidore.
CAMPAN.....	Lettres de deux Amies. Conseils aux jeunes filles.
COTTIN......	Malvina. Les Exilés en Sibérie. Amélie de Mansfield. Claire d'Albe. Mathilde.
DURAND.....	Le Comte de Cardonne. Les Belles Grecques, etc.
FONTAINE....	La Comtesse de Savoie.
GRAFFIGNY...	Lettres d'une Péruvienne.
LA FAYETTE..	Zaïde. La Princesse de Clèves. De Montpensier.
MURAT. (DE).	Les Lutins de Kernosi.
PUISIEUX....	Mémoires de la Comtesse de Zurlac. Histoire de Mlle Terville.
RICCOBONI...	Lettres de Fanny Butler. Miladi Catesbi. Ernestine. Amélie. Miss Jenni.
SAINT-AUBIN.	Dangers des Liaisons.
TENCIN......	Le Comte de Comminges. Le Siége de Calais.
VILLENEUVE..	La Jardinière de Vincennes. Le Juge prévenu. Mlle de Marsanges.

MESDEMOISELLES

BROHON.....	Les Amans philosophes.
LA FORCE (DE)	Histoire de Marguerite de Valois. Gustave Vasa.
(DE LA)	
ROCHEGUILHEM.	Histoire des Favorites. Aventures Grenadines.
LUSSAN......	Romans historiques (Ses).
SAINT-PHALIER.	Caprices du Sort.

ARNAUD (D')...	Les Époux malheureux, etc.
BOUFFLERS...	Aline. Le Derviche. Tamara. Ah, si!
CAZOTTE.....	Le Diable amoureux, Olivier.
DUCLOS......	La Baronne de Luz.
FÉNELON.....	Télémaque.
FLORIAN.....	Estelle. Galatée. Numa. Gonzalve.
GALLAND....	Les Mille et une Nuits.
HAMILTON...	Mémoires de Grammont.
LESAGE......	Gil Blas. Diable boiteux. Bachelier de Salamanque. Guzman d'Alfarache.
MARIVAUX...	Marianne. Le Paysan parvenu.
MARMONTEL..	Les Incas. Bélisaire. Contes moraux.
MONTESQUIEU.	Lettres persanes.
PICARD......	L'Exalté. Le Gil Blas de la Révolution. Le Niais, ou l'Honnête homme. Eugène et Guillaume. Les Sept mariages d'Éloi Galland.
PRÉVOST (l'abbé).	Le Doyen de Killerine. Cléveland. Manon Lescaut. Mémoires d'un homme de qualité.
RÉTIF DE LA BRETONNE.	Le Paysan perverti. La Paysanne pervertie.
ROUSSEAU (J.J.)	La Nouvelle Héloïse.
SAINTE-FOIX..	Lettres turques.
SCARRON.....	Roman comique.
TRESSAN.....	Roland l'amoureux. Roland furieux. Gérard de Nevers. Jehan de Saintré.
SAINT-LAMBERT.	Les deux Amis. L'Abenaki. Sara. Contes.
VOLTAIRE....	Romans (Ses).

DEUXIÈME SÉRIE. — Romans Étrangers.

Mesd.	D'ARBLAY.	Évélina et Cécilia.
	HELME...	Louisa ou la Chaumière.
	INCHBALD.	Simple histoire et sa suite.
AMYOT......		Daphnis et Chloé.
CERVANTES...		Don Quichotte.
COOPER.....		L'Espion. Les Pionniers. Le Pilote. Lionnel Lincoln. Le Dernier des Mohicans. La Prairie. Le Corsaire rouge. Le Puritain d'Amérique.
FIELDING....		Tom Jones. Aventures de Joseph Andrews.
FOÉ (Daniel)...		Robinson Crusoé.
GODWIN.....		Caleb William.
GOETHE.....		Werther.
GOLDSMITH..		Le Ministre de Wakefield.
JOHNSON....		Rasselas.
MACKENSIE...		L'Homme sensible.
RICHARDSON..		Paméla. Clarisse Harlow. Grandisson.
SMOLETT....		Roderick Random.
STERNE......		Tristram Shandy. Voyage sentimental.
SWIFT.......		Voyage de Gulliver.

WALTER-SCOTT.	Waverlay. Guy Mannering. L'Antiquaire. Rob-Roy. Les Puritains d'Écosse et le Nain. La Prison d'Édimbourg. La Fiancée de Lammermoor. Ivanhoé. Le Monastère. L'Abbé, suite du Monastère. Kenilworth. Le Pirate. Les Aventures de Nigel. Péveril du Pic. Quentin Durward. Redgauntlet. Woodstock. La jolie Fille de Perth. Charles le Téméraire. Histoire du temps des Croisades. Les Eaux de Saint-Ronan. Histoire d'Écosse. Le Lai du dernier Ménestrel. Marmion. La Dame du Lac.
WANDERWELDE.	Romans (Ses).
WASHINGTON-IRWING...	Romans (Ses).
WIELANDS...	Agathon. Peregrinus Protée. Histoire d'un Grec.

www.ingramcontent.com/pod-product-compliance
Lightning Source LLC
Chambersburg PA
CBHW050630170426
43200CB00008B/956